스윙은 생각이다

골프는 노력과 고통을 견뎌낸다고 실력이 늘지 않는다.
실력을 키우는 핵심은 올바른 기본기 위에 나만의 스윙을
차곡차곡 쌓아가는 것이다.

그렇게 정성스레 쌓아 올린 시간이 스코어를 줄인다.
지루하더라도 기초를 제대로 익히고 점검하는 과정을
지속해야 한다.

그 시간은 단순한 반복이 아니라
'왜?'라는 물음을 던지는 생각의 시간이어야 한다.

바로 그 질문이
복잡한 스윙을 단순화하는 힘을 길러준다.

스윙은 생각이다

초 판 1쇄 발행 2013년 4월 25일
초 판 2쇄 발행 2013년 5월 15일
개정판 1쇄 발행 2025년 6월 30일

지은이   이규승, 김도연, 한광재, 신명구, 박진봉
펴낸이   양지영
펴낸곳   브레이커(Breaker)
사 진   윤장근
모 델   김도연
디자인   크리머스, 픽시

등 록   2019-000025호(2019년 9월 4일)
주 소   대전 유성구 전민동 엑스포로 448 304동 503호
전 화   010-3405-0255
이메일   breakerbook@naver.com

ISBN 979-11-971863-4-9

* 파본이나 잘못된 책은 구입하신 곳에서 바꿔드립니다.

스윙은 생각이다

개정판

지음 이규승
김도연
한광재
신명구
박진봉

사진 윤장근

차례

들어가는 글
　이유를 알면 스윙이 편안하다 9

1장. 스윙, 일관된 회전 만들기

01 간결하면서 편안한 스윙 14
　모든 골프클럽의 스윙 원리는 같다 16
　어드레스 Address, 자연스러운 스윙은 편안하다 17
　　Tip. 어드레스 자세에서 상체는 목표 라인과 평형인가?
　그립 Grip, 비거리와 방향성을 결정하다 32

02 스윙을 자연스럽게 하는 회전 36
　올바른 회전을 위한 몸의 정렬 요소와 움직임의 상호작용 37
　스윙의 질을 결정하는 축과 회전 41
　　어드레스에서 살펴본 척주 각 43
　　테이크 어웨이에서 본 축과 회전 44
　　백스윙 탑에서 축과 회전 46
　　Tip. 코어 근육이란?
　올바른 회전을 확인하는 자가 진단법 50
　　테이크 어웨이를 확인하는 클럽과 몸의 위치 50
　　백스윙 탑의 위치를 잡는 클럽과 몸의 위치 1 54
　　백스윙 탑의 위치를 잡는 클럽과 몸의 위치 2 55

2장. 잘못된 스윙, 간단하게 해결하기

01 헤드업, 로프트 각도만 믿고 채를 던져라 60
Lesson. 척주 각이 펴지는 것을 방지하는 연습

02 백스윙, 왼팔을 펴라 72
Lesson. 왼팔에 힘을 빼는 연습

03 플라잉 엘보, 지면으로 가슴을 향하게 하라 78
Lesson. 플라잉 엘보를 방지하는 연습

04 스웨이, 하체 고정이 아니라 무릎 간격을 고정하라 85
Lesson. 무릎 간격을 일정하게 유지하는 연습

05 엎어치기, in to in으로 교정하라 93
Lesson. 엎어치는 스윙을 방지하는 연습

06 오버스윙, 샤프트의 위치를 기준으로 삼지 마라 98
Lesson. 오버스윙을 방지하는 연습
Tip. 분석 장비를 활용해서 오버스윙을 확인한다

07 체중이동, 하체가 리드하는 회전을 하라 106
Lesson. 체중이동을 위한 연습

차례

08 릴리스, 배꼽을 사수 하라 113
    Lesson. 자연스러운 릴리스를 위한 연습

09 피니시, 릴리스를 올바르게 수행하라 119
    Lesson. 효과적인 피니시를 위한 연습
    Tip. 릴리스와 비거리는 어떤 관계인가?

10 임팩트, 어드레스를 재연하지 마라 126
    Lesson. 임팩트를 개선하는 연습
    Tip. 골프도 타악이다

11 템포, 리듬을 살려 조화롭게 하라 137
    Lesson. 매끄러운 템포를 위한 연습

12 거리, 하체(골반)의 움직임을 점검하라 144
    Lesson. 회전 동작을 in to in 으로 하는 연습

3장. 타수를 줄이는 숏 게임과 트러블 샷

01 퍼팅, 꼭 넣고 말거야 158
    Lesson. 퍼팅을 개선하는 연습 방법

02 벙커 샷, 함부로 다가오지 마세요 168

03 어프로치 샷, 가까이 다가가고 싶다 173
    성공확률이 높은 칩 샷 176
    자신만의 거리감을, 피치 샷 178

04 트러블 샷, 다음을 위한 최선의 선택 180
 왼발이 오른발보다 높은 Uphill 181
 왼발이 오른발보다 낮은 Downhill 182
 볼의 위치가 양 발보다 높은 Ball Above Feet 184
 볼의 위치가 양 발보다 낮은 Ball Below Feet 185

4장. 볼의 비행과 나의 의지를 실현하는 클럽과 앵글

01 나의 스윙이 볼의 비행 방향을 결정한다 190
 스윙 궤도에 따른 볼의 비행 190
 원하는 방향으로 볼을 보내는 in to in 스윙 194

02 또 하나의 동반자 클럽과 앵글 196
 원하는 곳에 볼을 보내는 선택, 클럽 197
 방향과 거리를 조절하는 각도, 앵글 202
 방향과 거리를 조절하는 힘, 샤프트 플렉스 205

특별기고
김종명 | 기본을 지키는 것이 가장 빠른 길이다 207

지음/사진 210

들어가는 글

이유를 알면 스윙이 편안하다

골프채를 처음 잡은 날부터 지금까지 나는 골프를 배우거나 새로운 것을 느낄 때마다 그 내용을 기록했다. 그렇게 7년 동안 생각노트를 작성했다.

많은 직장인과 마찬가지로 나 역시 시간 여유가 없었다. 그래서 새벽반 레슨을 받고 출근 했다. 그렇게 1년 반을 꾸준하게 지도 받았다(지금은 고인이 된 박순희 코치님께 진심으로 감사드린다). 코치님이 지도하는 내용 외에는 그 어떤 정보도 알려고 하지 않았다.

한때, 나는 테니스를 잘 치고 싶어서 주말이면 코트에서 아침부터 저녁 늦게까지 혼자서 서브 연습을 했었다. 그러나 그 결과는 처참했다. 잘못된 동작들이 몸에 굳어지면서 도저히 교정 할 수가 없었기 때문이다. 이 일로 나는 운동을 처음 배울 땐, 좋은 코치에게 올바른 자세를 배워야 한다는 확신을 갖게 되었다.

그렇게 1년 반이 지난 후 골프 서적과 TV 프로그램을 보기 시작했다. 하지만 기본 원리에 대한 욕구는 충족되지 않았다. 즉, 이런 자세를 잡아야 하는 이유가 뭐지? 등 문제 해결을 위한 자세의 응용과 동작은 여전히 어려웠다. 큰 노력을 했지만 골프 실력은 생각보다 좋아지지 않았다. 좌절했다. 골프를 그만두고 싶었다. 그러던 중 김도연 프로를 만났다.

"모든 골프클럽의 스윙 원리는 같다."
"스윙은 임팩트를 기준으로 대칭이다."
그는, 골프가 쉬운 운동은 아니지만 결코 어려운 운동도 아니라고 했다.

그의 설명은 골프라는 운동에서 내가 고민하고 있던 상당한 의문을 풀어 주었다. '스윙은 임팩트를 기준으로 대칭이다.' 는 360°스윙에 대한 고민을 180°로 줄여주었고, '모든 골프클럽의 스윙 원리는 같다'라는 드라이버, 아연, 우드가 다른 스윙이라고 생각했던 고민을 1/3로 줄여주었다. 그 후, 일주일에 한 번씩 김도연 프로에게 레슨을 받으면서 내 생각과 몸은 편안해지기 시작했다.

이 책은 편안하고 일관된 스윙을 위해서 올바른 회전을 강조한다. 1장에서는 척주의 기본적인 특성과 움직임에 근거해서 올바른 회전에 대한 기준을 제시했다. 2장에서는 골프를 배우는 과정에서 골퍼가 반드시 만나는, 잘못된 스윙에서 나타나는 여러 가지 현상들을 회전의 측면에서 해결 방법을 제시했다. 또한 이러한 유형의 문제들에 대해 효과적으로 스윙을 교정할 수 있는 연습 방법을 제시했다. 3장과 4장에서는 기본공식을 적용한 숏 게임과 트러블 상황에 대한 대처 방법과 볼의 비행 법칙, 클럽명칭과 앵글에 대한 내용을 언급했다.

골프 실력을 향상하기 위해서는 꾸준한 연습과 필드에서의 경험이 선행되어야 하지만 좋은 안내서가 있다면 많은 시행착오를 줄일 뿐만 아니라 라운딩 자체를 더욱 즐길 수 있는 계기가 될 것이다.

이 책에서는 잘못된 스윙 동작에 대해 일시적인 처방보다는 왜 그렇게 해야만 되는지 내 몸의 구조에 근거해서 알게 될 것이다. 이러한 이해는 골프를 오래도록 즐길 수 있는 좋은 방법이며 알고·생각하고·행하는 골프는 시간이 지나면 지날수록 골퍼 실력을 높여줄 것이다. 배움의 커다란 즐거움을 경험하게 될 것이다.

새롭게 쌓인 지식과 필드의 경험을 더해, 이 책을 다시 엮었다. 이 책을 읽고 스윙의 과학적 원리를 더 깊이 알고 싶다면, 『ing 스윙 멈추지 마라』를 곁에 두길 권한다.

2025. 05

이 책이

당신의 스윙 여정에

작은 길잡이가 되길 바라며

1장
스윙, 일관된 회전 만들기

간결하면서 편안한 스윙 01
모든 골프클럽의 스윙 원리는 같다_
어드레스 Address, 자연스러운 스윙은 편안하다_
그립 Grip, 비거리와 방향성을 결정하다_

스윙을 자연스럽게 하는 회전 02
올바른 회전을 위한 몸의 정렬 요소와 움직임의 상호작용_
스윙의 질을 결정하는 축과 회전_
올바른 회전을 확인하는 자가 진단법_

01 간결하면서 편안한 스윙

스윙이란, 스윙 동작이 얼마나 간결하고 편안한 템포로 이루어지느냐가 중요하다. 골퍼가 스윙 원리에 대한 이해를 어떻게 하고 있느냐에 따라, 그립을 어떻게 파지하고 올바른 어드레스가 이루어졌느냐에 따라 골퍼는 스윙 하면서 불필요한 동작을 줄일 수 있다.

스윙에서 불필요한 동작을 줄인다면, 임팩트를 찾아가는 길이 쉽고 간결해지며 템포와 리듬을 일정하게 유지하기가 쉬워진다. 간결하면서 편안한 스윙을, 올바른 회전을 하게 된다.

테이크 어웨이 시 최저구간 → | ← 임팩트 시 최저구간

(사진1) 무게 중심을 이동하지 않는 스윙

모든 골프클럽의 스윙 원리는 같다

스윙을 하면서 몸의 무게 중심이 이동하지 않았을 때와 이동했을 때의 최저구간을 체크하면 드라이버, 우드, 아이언의 스윙 원리가 같음을 쉽게 확인할 수 있다.

앞장의 사진(사진1)처럼 두 발을 일자로 놓고 무게 중심을 이동하지 않으면서 스윙 하면 아주 짧은 최저구간이 존재함을 알 수 있다. 그러나 이런 자세로는 풀 스윙을 할 수가 없다. 어프로치와 트러블 샷처럼 특별한 경우를 제외하고는 볼을 치기 위해 스윙을 하면 골퍼의 몸에서 무게 중심은 이동 한다.

정상적인 어드레스 자세에서 테이크 어웨이를 할 때, 중심 이동에 따른 스윙의 최저구간이 어떻게 변화하는지 살펴보면, 최저구간이 길게 형성됨을 알 수 있다(사진2). 무게 중심(사진1)을 이동하지 않고 만들어진 최저구간과 비교해 볼 때 최저구간의 넓이가 훨씬 더 커진 것을 알 수 있다.

임팩트 이후에 최저구간 역시 길게 만들어진다(사진3). 뒷장의 사진 A에 있는 볼을 칠 경우 B까지 디봇이 형성된다. 이때 최저점은 공보다 앞쪽에서 이루어진다.

아이언을 칠 때, 공을 B의 위치에 놓고 치면 올려 치는 스윙이 된다. 마찬가지로 드라이버를 칠 때, 공을 A의 위치에 놓고 치면 찍어 치는 스윙이 된다. 드라이버로 샷을 할 때 공을 왼쪽 발 안쪽에 놓는 이유는 공에 파워를 실어 멀리 보내는 데 신체 구조적으로 훨씬 더 유리한 자세를 취할 수 있기 때문이다.

즉, 스윙을 위해 몸의 무게 중심이 이동을 하게 되면 넓은 최저구간이 형성된다. 이렇게 형성된 최저구간 내에 볼을 놓고 치게 되면 찍어 치는 스윙이 되고 드라이버처럼 최저구간 밖에 볼을 놓고 치게 되면 올려 치는 스윙이 된다. 공의 위치에 따라서 스윙 형태가 구분될 뿐, 모든 클럽의 스윙 원리는 같다.

어드레스 Address, 자연스러운 스윙은 편안하다

어드레스란 골퍼가 샷을 하기 위해 클럽과 몸의 자세를 준비하는 과정이다. 이러한 과정이 잘못되면 척추 각만 아니라 스윙 궤도가 변한다. 이러한 변화는 스윙을 복잡하게 만든다.

어드레스는 정상적인 스윙 궤도에서 벗어나게 하는 불필요한 몸의 움직임을 줄일 수 있는 최초의 단계이다. 잭 니콜로스 Jack Nicklaus 는 "스윙 중에서 자신이 100% 컨트롤할 수 있는 동작은

(사진2) 테이크 어웨이 시 최저구간

(사진3) 임팩트 이후 최저구간

어드레스뿐이다" 라고 했다. 간결하면서 편안한 스윙을 하기 위해선 어드레스가 가장 중요하다.

먼저 어드레스를 잡는 방법으로 몸의 각도를 살펴볼 것 같으면 사진①처럼 왼손을 뒤쪽 허리춤에 놓는다. 오른쪽 한 손으로 클럽을 잡고 리딩 웨지가 오른발 안쪽 선과 일직선이 되도록 놓는다. 사진②처럼 스탠스를 잡고, 사진③과같이 왼손의 그립을 취한다.

볼을 스탠스 중앙에 놓고 아이언 5번을 기준으로 이런 자세를 취하게 되면 자연스럽게 오른쪽 어깨가 다운이 되며 척주(몸통)는 오른쪽으로 11°~ 18° 앞으로 35°~ 45° 구부러진 형태가 되며 상체는 왼쪽이 약 7°~ 17° 정도 오픈된다. 이와 같은 자세를 잡기 위해 먼저 왼손이 아니라 오른손으로 클럽을 잡고 난 다음에 왼손으로 클럽을 잡아야 한다.

골프는 각도 운동이다.
좋은 어드레스란 내 몸이 편안하게 채를 던질 수 있도록 몸의 각도를 만들어 주는 것이다.

어드레스를 잡는 방법으로 몸과 클럽과의 간격을 살펴보면 사진①처럼 똑바로 서서 가슴을 펴고 양팔을 벌린다. 그리고 사진②처럼 손바닥이 하늘을 보게 하고 양팔을 모은다. 사진③과같

① ②

이 손을 아래로 내려놓는다. 이때 팔이 가슴 위에 얹히어 있는 느낌이어야 한다. 그러기 위해서 어깨부터 팔꿈치까지 가슴에 붙어 있어야 한다. 이 상태에서 사진④와 같이 그대로 허리를 숙인다. 이때 팔이 어깨에서 수직으로 내려와야 한다. 사진⑤처럼 무릎을 약간 구부리고 클럽을 잡는다.

위의 사진과 같은 자세를 취하게 되면 클럽과 몸과의 간격은 자연스럽게 주먹 한 개 반 정도가 된다. 클럽이 몸에서 멀리 떨어지면 팔과 몸이 분리가 된다. 이러한 상태로 임팩트가 이루어지

③　　　　　　　　④　　　　　　　　⑤

몸과 클럽과의 간격

면, 헤드에 가해지는 스피드가 몸의 체중을 배제한 상태로 스윙하게 된다. 즉, 팔과 몸이 분리된 스윙은 볼을 치는 파워와 볼이 비행하는 방향성을 상실하게 한다.

어드레스를 하면서 마지막으로 주의해야 할 것은 타깃에 대한 방향성이다. 아무리 정확하게 스윙을 한다 할지라도 타깃에 대한 방향 설정이 잘못된 어드레스는 골퍼가 원하는 방향으로 볼을 보낼 수 없다. 목표한 방향으로 볼을 보내기 위해서 타깃에 대한 방향성이 일치하는 어드레스를 해야 한다.

① 목표지점(1점)

200m

3m

볼(2점)

골퍼(3점)

② 2m — 가상 선상에 있는 목표물

③ 가상의 선

볼에서 약 3m 뒤에서 목표지점과 볼, 골퍼의 클럽을 잇는 3점에 가상의 선을 긋는다. 사진① 그리고 볼에서 2m 안에 나뭇잎이나 디봇 자국 등 임의의 목표물을 하나 정한다. 사진②

클럽 페이스를 스퀘어 하게 놓고 스탠스를 잡는다. 공을 보내야 할 목표지점이 200m 전방이라 할지라도 2m 안으로 축소한 결과가 된다. 이렇게 하면, 방향조준을 편리하게 할 수 있을 뿐만 아니라 오차 범위를 줄이는 데 효과적이다.

티 샷에서는 공 위에 그려져 있는 선을 가상의 선과 일직선상에 놓고 이 선에 맞추어 어드레스를 취하는 것도 매우 효과적인 방법이다. 사진③

어드레스를 잡을 때는 일정한 순서를 따르는 것이 좋다. 일정한 루틴Routine을 유지하는 것은 일관되고 정확한 스윙을 구사하는 데 유리하다. 따라서 볼을 치기 전에는 항상 자신의 어드레스가 루틴하고 올바른지를 점검하는 습관이 필요하다.

완성된 어드레스 자세를 살펴보면 다음과 같다.
클럽은 토우 부분이 살짝 들리게 놓는다. 회전할 때, 원심력에 의해 임팩트에서는 클럽의 리딩웨지가 지면과 수평이 된다. 또한 이러한 상태에서 약간의 핸드 퍼스트를 해서 리딩웨지 부분이 뜨지 않도록 지면에 밀착시켜야 한다. 이것은 다운블로로 볼을 치기 위한 중요한 셋업이다. 특히, 어드레스 자세에서 채를 바닥에 던지기 쉬운 몸의 각도를 만들어 놓아야 스윙할 때 척주각을 유지하기가 용이하다.

이와 같은 자세를 취하게 되면 힙이 약간 위로 올라가게 되며 힙 주위의 코어 근육들이 긴장하게 된다. 이러한 현상은 팔을 지면과 수직이 되게 떨어뜨린 상태에서 형성된 척주의 기울기 때문이다.

골프에서 구력은, 어드레스에 대한 나만의 완성도를 높여가는 과정이다. 골프를 처음 배울 때부터 올바른 어드레스를 몸에 익힌다면 시간이 지날수록 편안하게 골프를 즐길 수 있다.

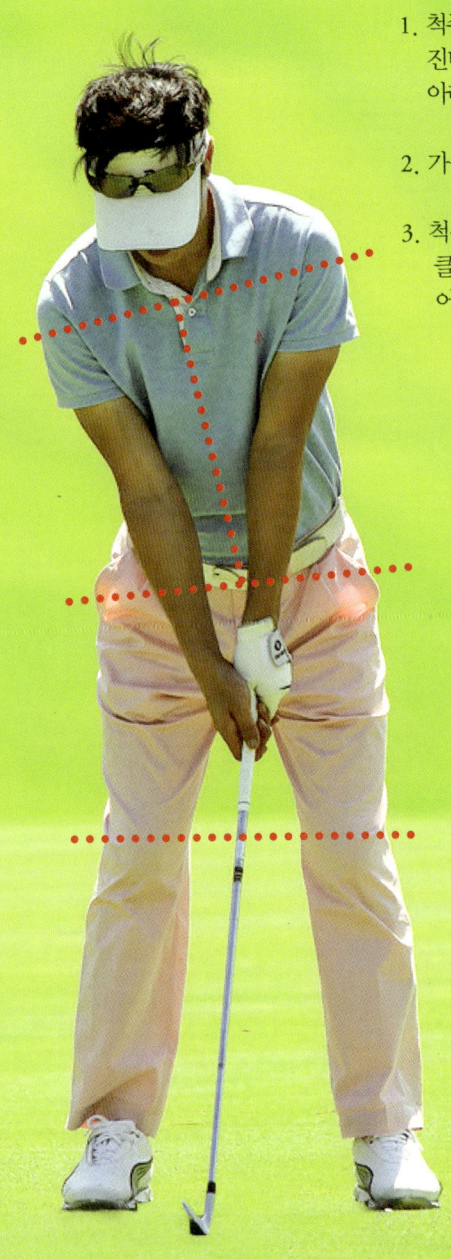

1. 척주는 오른쪽으로 약간 기울어진다 그립을 쥐면 오른손이 아래에 있기 때문이다.

2. 가슴과 힘은 약간 오픈 된다.

3. 척주는 자연스럽게 구부리되 클럽의 라이각을 기준으로 해서 어드레스를 해서는 안 된다.

4. 토우는 약간 들고 리딩웨지는 지면에 밀착시킨다.

5. 팔은 지면과 수직이 되게 자연스럽게 아래로 떨어뜨린다. 이러한 자세는 클럽과 몸과의 간격을 일정하게 유지하고 팔에 힘을 빼기가 쉽다. 특히, 팔로만 하는 스윙을 방지하고 체중을 실은 임팩트를 만드는데 매우 효과적이다.

6. 앞뒤 체중 분배는 발바닥을 기준으로 왼발은 중앙에서 약간 뒤쪽에, 오른발은 중앙에서 약간 앞쪽에 형성된다.

어드레스 자세에서 상체는 목표라인과 평형인가?

어드레스 자세에서 상체는, 공이 지나가는 목표 라인과 인위적으로 평형을 맞출 필요는 없다. 상체가 오픈(약 7°~17°)되는 것이 인체 해부학적으로 자연스러운 자세이다. 임팩트 때는 어드레스 때보다 훨씬 더 많이 오픈 된다.

이러한 자세는 클럽을 잡지 않고 하는 어드레스와 클럽을 잡은 자세의 어드레스를 비교하면 확연하게 구분이 된다. 즉, 클럽을 잡지 않은 상태에서 양팔의 길이를 같게 해 놓고 어드레스를 취해보면 상체와 목표 라인이 평형으로 놓인 것을 확인할 수 있다. 반면에 클럽을 잡고 어드레스를 취한 상태에서 상체를 확인해 보면 왼쪽 어깨가 오픈 되는 것을 볼 수 있다. 이것은 그립을 하게 되면 오른손이 왼손 아래에 있기 때문이다.

이러한 자세는 3D 동작분석에서 뚜렷하게 구분이 된다. 분석 모형도에서 보여주는 것처럼 클럽을 잡지 않은 자세에서는 힙과 상체가 일치되어 목표라인과 평형을 이룬다. 반면에 클럽을 잡은 자세에서는 상체가 오픈된 것을 볼 수 있다.

클럽을 잡지 않은 자세   클럽을 잡은 자세

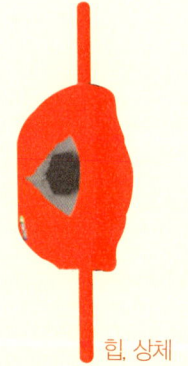 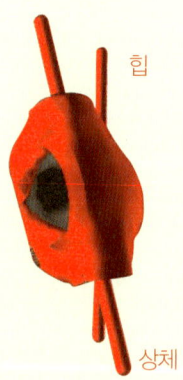

힙과 상체가 목표 라인과 평형   힙은 목표 라인과 거의 평형이지만(약간 오픈) 상체는 뚜렷하게 오픈됨

인위적으로 상체를 목표라인과 평형으로 놓는다는 것은 테이크어웨이의 일정 부분을 생략하고 백스윙을 하는 것과 같다. 이렇게 되면 백스윙의 3/4 지점에서 스윙이 빨라질 수 있으며 백스윙의 타이밍을 잃어버리기 쉽다. 이러한 스윙은 오버스윙이나 역 피봇이 될 확률이 높다. 어드레스의 자연스러움, 이것은 간결한 스윙의 시작과 끝이다.

그립 Grip, 비거리와 방향성을 결정한다

그립은 신체와 클럽을 연결하는 접점이며 스윙의 간결함뿐만 아니라 타구의 비거리와 방향성에 많은 영향을 준다.

그립은 크게 3가지로 분류한다. 왼손과 오른손의 관계에 따라 오버래핑 그립, 인터로킹 그립, 베이스볼 그립, 왼손으로 그립을 잡는 방법에 따라 핑거 그립, 팜 그립 그리고 왼손 그립을 중앙으로부터 돌려 쥐는 정도에 따라 스퀘어 그립, 스트롱 그립, 위크 그립으로 구분한다. "나는 오버래핑·핑거·스퀘어 그립을 잡는다"라고 하면 된다.

스퀘어 그립 Square grip(Neutral grip)은 양손과 클럽 페이스가 정확하게 일치하는 그립으로 엄지손가락이 그립의 중앙에 위치하는 것을 말한다. 스트롱 그립 Strong grip(Close face grip)은 엄지손가락이 오른쪽으

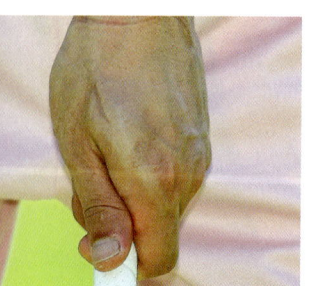
스퀘어 그립

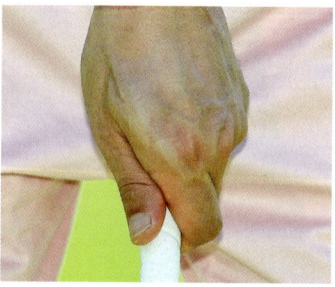
스트롱 그립

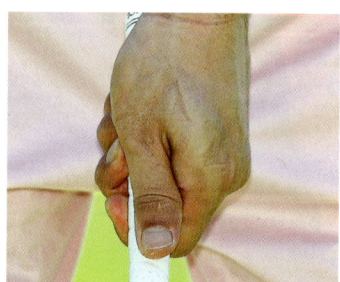
위크 그립

로 돌아가 있는 상태를 말하며 위크 그립Weak grip(Open face grip)은 엄지손가락이 왼쪽으로 돌아가 있는 상태를 말한다.

그립의 유형은 장비의 발달과 깊은 상관성을 갖고 있으며 이중 스트롱 그립은 코킹과 언 코킹이 좀 더 자유로워질 수 있으며 백스윙의 크기를 줄일 수 있다는 장점이 있다. 결국 이러한 과정은 스윙의 간결함과 임팩트의 강도를 높일 수 있게 해준다.

그립은 어떤 그립을 취하든 엄지, 검지를 제외한 나머지 세 손가락으로 가능한 클럽을 견고하고 강하게 쥐어야 한다. 그래야만 힘의 구심점이 생겨 릴리스를 잘 할 수 있으며 강한 임팩트기 이루어질 때 클립의 뒤틀림을 방지할 수 있다. 너무 약하게 잡으면 오히려 캐스팅Casting*이 될 확률이 높다. 또한 엄지, 검지에 힘이 들어간 그립을 하게 되면 인체 특성상 어깨에 힘이 들어갈 수밖에 없다.

백스윙 탑에서 오른손이 쟁반을 받치고 있는 형태의 자세가 되어야만 한다는 표현은 위크 그립을 취하고 있을 때 해당하는 것

---

* 캐스팅Casting : 다운스윙 시 손이 허리 위치에 올 때 골프 클럽이 먼저 풀리는 현상.

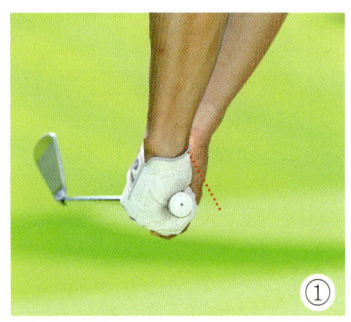 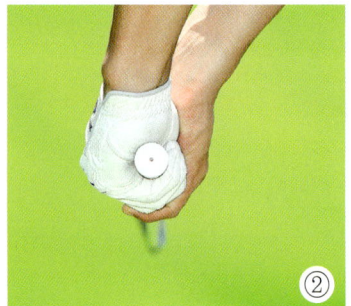

으로 스퀘어 그립이나 스트롱 그립을 했을 경우에는 맞지 않는 표현이다.

올바른 그립을 확인할 것 같으면 그립의 유형에 따라서 자가 진단 방법 또한 달리 나타난다. 스퀘어 그립으로 어드레스를 한 상태에서 팔을 움직이지 않고 손목만 돌려 채가 지면과 수평이 되도록 백스윙을 하였을 때 사진②처럼 손목의 모양은 그림과 같이 꺾임이 없어야만 하고 사진①과같이 채의 리딩웨지는 11시 30분 방향을 가리키고 있어야 한다. 스트롱 그립을 했을 경우에는 채의 리딩웨지 부분이 10시 방향을 위크 그립을 했을 경우에는 채의 리딩웨지 부분이 1시 방향을 향하고 있어야 한다.

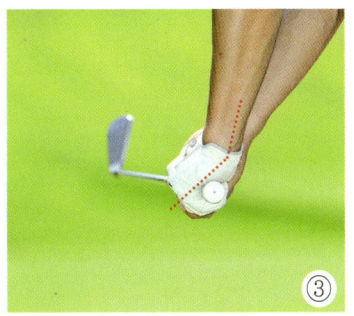 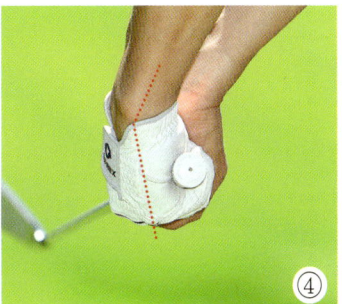

클럽이 수평 위치에 왔을 때 사진③과 사진④와 같이 손목의 좌우 꺾임 상태가 나오게 되면 임팩트에서 클럽을 볼과 스퀘어하게 만들기가 매우 어렵다. 즉, 올바른 손목의 모양보다 스윙 과정이 더 복잡해진다.

02 스윙을 자연스럽게 하는 회전

회전은 스윙에서 척주·어깨·가슴·골반·손목 등의 움직임을 말하며 가장 넓은 범위의 동작으로 테이크 어웨이Take away에서 피니시finish까지이다.

골프를 배우고 몸에 익히는 과정에서 골퍼들을 끊임없이 고민하게 하는 잘못된 스윙의 대부분은 회전에서 그 원인을 찾을 수 있다. 회전이 중요한 이유는, 올바른 회전이 이루어지지 않을 경우 스윙은 복잡해지며 스윙 궤도를 벗어날 확률이 높아진다.

올바른 회전을 위한
몸의 정렬 요소와 움직임의 상호작용

올바른 회전의 기준을 임팩트 시 어드레스의 재연에 둔다면, 어드레스 때 만들어진 몸의 정렬이 회전 과정에서 가장 적게 변할 때 어드레스 재연이 유리하다.

〈표 1〉은 어드레스 때 만들어진 몸의 정렬 요소가 회전 과정에서 어떻게 변하는지 보여준다. 척주 각, 가슴 위치, 그립의 위치, 척주와 이루는 어깨 기울기는 어드레스 때 만들어진 자세가 임팩트 때까지 그대로 유지되는 것이 올바른 회전임을 보여주고 있다.

요소/단계	어드레스	테이크 어웨이	백스윙 탑	임팩트
척주 각(측면)	앞쪽으로 약간 기울어짐	어드레스와 동일	어드레스와 동일	어드레스와 동일
척주 각(정면)	오른쪽으로 약간 기울어짐	어드레스 때의 기울기를 유지	어드레스 때의 기울기를 유지	어드레스 때의 기울기를 유지
가슴 위치	지면	지면	지면	지면
그립의 위치	가슴 앞(몸통 안)	가슴 앞(몸통 안)	가슴 앞(몸통 안)	가슴 앞(몸통 안)
척추와 이루는 어깨 기울기	직각	직각	직각	직각

〈표 1〉 회전에 따른 몸의 정렬 요소 변화

골프 스윙에서 중요한 내용은 골반·상체·클럽의 운동학적 움직임, 척주 회전, 상체 각도 등이 스윙 동작에 어떤 타이밍과 리듬으로 참여하느냐이다. 이런 움직임을 기초로 해서 스윙의 효율성을 분석, 평가해 보았다. 이 시뮬레이션 분석에 참여한 실험자는 KPGA 티칭 프로이며 신체적 특성은 신장 180cm, 체중 75kg이다. 사용한 클럽은 아이언 5번이다.

〈그래프 1〉은 운동학적 움직임으로 스윙 시 골반, 상체, 클럽의 속도를 보여주고 있다. 효율적인 스윙에서는 백스윙 초기에는 골반·상체·클럽이 한 묶음으로 움직이는 것을 볼 수 있다. 이후 백스윙 탑과 다운스윙 초기까지는 골반 - 상체 - 클럽의 순차적인 움직임으로 진행되고 임팩트 지점에서는 클럽의 스피드가 가장 빠르고 그다음으로 상체와 골반의 움직임이 감속되면서 뒤따르게 된다.

그러나 비효율적인 스윙에서는 백스윙 초기에는 효율적인 스윙과 같은 패턴이지만 다운스윙의 전환 시에 클럽의 타이밍이 골반과 상체보다 먼저 출발하는 것이 보인다. 이런 타이밍은 충분한 클럽의 가속도를 끌어낼 수 없게 된다.

효율적인 스윙에서 척추 회전을 살펴보면〈그래프 2〉, 척추가 백스윙 때 일정한 스피드로 마이너스 각으로 회전하면서 다운스

— 골반의 속도　— 상체의 속도　— 클럽의 속도

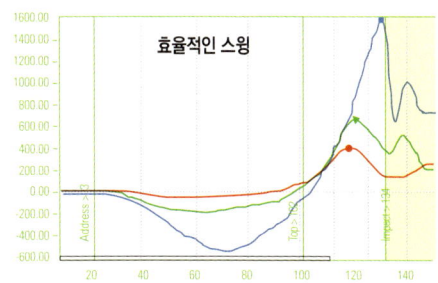

〈그래프 1〉 골반, 상체, 클럽의 운동학적 움직임(Kinematic Sequence)

— 척추 회전

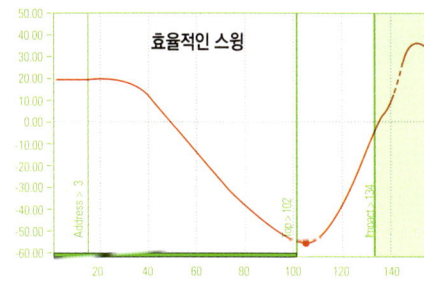
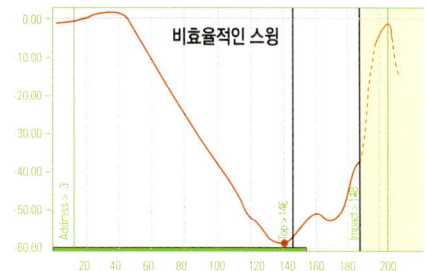

〈그래프 2〉 척추 회전(Spine Rotations)

— 상체가 상·하로 숙여지는 값　— 어깨가 떨어지는 좌우 각　— 상체 로테이션

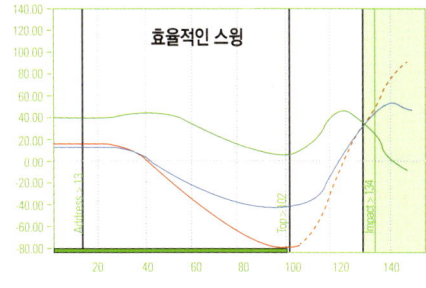
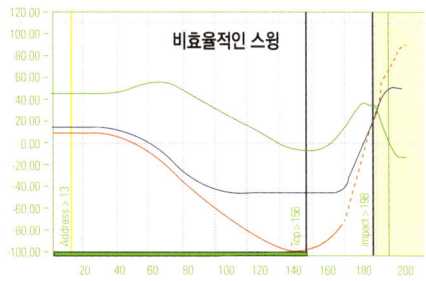

〈그래프 3〉 상체 각도(Upper Body Angles)

1장. 스윙, 일관된 회전 만들기　39

윙 때 적절한 하체의 전환으로 축의 반동 없이 플러스 각으로 회전하고 있는 것을 보여준다.

반면, 비효율적인 스윙에서 백스윙은 같은 움직임을 보이지만 다운스윙 시에는 척추의 각도가 상이하게 변화된다. 이것은 다운스윙 시 하체전환의 타이밍이 맞지 않거나 백스윙 시 역 척주 각Reverse spine angle* 현상이 발생된 것이다.

상체 각도는〈그래프 3〉어드레스 시 상체의 척주 각을 중심으로 회전하므로 효율적인 스윙에서는 상체의 회전 변화량이나 높낮이의 변화량 비율이 그래프에서 비슷하게 나타난다. 그러나 비효율적인 스윙에서는 3개의 그래프가 상이하게 움직이는 것이 보여지는데 이는 상체의 움직임이 상하로 과도하게 움직이며 상체 움직임의 안정성이 없음을 보여준다.

골반 - 상체 - 클럽의 순차적인 움직임과 리듬은 힘의 연결고리다. 자동차가 빠른 속도로 가속하려면 기어가 저속부터 고속으로 순차적으로 가속되면서 변속되어야 빠르게 최고의 스피드를

---

* 역 척주 각Reverse spine angle : 백스윙 시 어드레스의 척주 각을 벗어나 상체가 과도하게 뒤로 재껴지는 현상

낼 수 있다. 만약에 기어가 중간에 잘못 변속된다면 자동차는 울컹거리거나 시동이 꺼질 수도 있다.

올바른 회전이란? 어드레스 때 만들어진 인체 각이 스윙 동안에 정상적인 회전의 범위 내에 유지되면서 운동학적 움직임들이 일정한 타이밍과 리듬감으로 회전에 동참하는 것이다. 이러한 회전은 골프 스윙을 간결하게 만들며 최대의 힘을 만들어 낸다. 그 회전의 중심은 척주이다.

스윙의 질을 결정하는 축과 회전

골프 스윙의 중심축은 척주 Vertebral Column 다. 척주를 회전축으로 하여 몸 전체가 하나의 시스템으로 움직이도록 하는 것이 스윙의 기본이다. 따라서 척주의 기본적인 특성과 움직임에 대해 살펴볼 필요가 있다.

성인의 척주는 총 26개의 척추뼈로 구성되어 있으며 이중 움직임에 관여하는 것은 엉치뼈, 꼬리뼈를 제외한 24개이다. 척주를 측면에서 보게 되면 S자 형태의 만곡을 가지고 있으며 몸의 중력 평형을 유지하기 위해 이루어진 것으로 앞으로 2개, 뒤로 2개의 만곡이 균형적인 모양을 하고 있다〈그림 2〉.

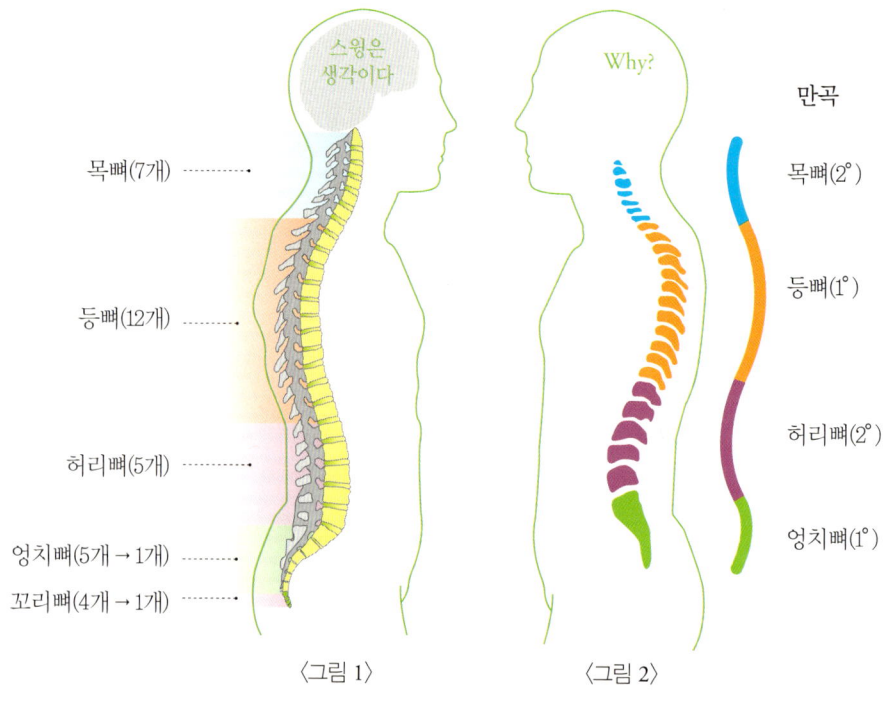

〈그림 1〉　　　　〈그림 2〉

이 척주는 앞뒤로 움직이고 좌우로 움직이며 회전을 한다. 이러한 동작이 스윙에 어떻게 관여하느냐에 따라 스윙의 질을 결정한다. 이 척주의 움직임 3가지가 스윙을 할 때, 어드레스, 테이크 어웨이, 백스윙 탑에서 어떻게 변화되는지를 관찰하면 간결한 스윙에 대해 쉽게 이해할 수 있다.

어드레스에서 살펴본 척주 각

측면에서 보면 척주가 앞으로 기울여진 모습을 보게 된다. 클럽과 이루는 척주 각은 90°정도가 좋다. 이러한 각도가 물리적으로 가장 큰 힘을 낼 수 있다.

어드레스를 할 때, 흔히 '허리(척주)를 곧게 펴라'고 한다. 이 말은 〈그림 2〉에서 보는 것처럼 척주가 가지고 있는 만곡을 자연스럽게 유지하는 범위 내에서 곧게 펴라는 의미로 받아들여야 한다. 곧게 펴라는 의미를 일자로 펴라는 뜻으로 받아들여 S 자세S posture*를 만드는 골퍼가 있다. 이러한 자세는 위아래로 힘을 사용하기엔 적합한 자세이지만 회전하는데 부자연스러운 자세다. 또한 다운스윙 시 하체 리드를 어렵게 만들 뿐만 아니라 허리 통증을 유발할 수도 있다.

그립을 쥔 모습을 정면에서 보면 오른쪽 손이 왼손 아래에 있기 때문에 척주는 자연스럽게 오른쪽으로 약간 기울여지며 상체는 열리게 된다. 어드레스 시 만들어진 이러한 척주의 모양은 테이크 어웨이, 백스윙 탑, 그리고 임팩트까지 그대로 유지되어야 한다. 다만, 약간의 측면 이동과 척추뼈 회전에 변화가 있을 뿐이다.

테이크 어웨이에서 본 축과 회전

어드레스와 비교를 하면 척주의 기울기에는 변화가 없으며 약간의 척추뼈 회전만 있을 뿐이다. 이러한 동작은 팔, 어깨, 몸통이 따로 놀지 않고 한 묶음One piece으로 움직여야 가능하다. 테이크 어웨이 시 올바른 회전에 의한 중심 이동이 선행하게 되면 헤드를 낮고 길게 빼는 것은 자연스럽게 이루어진다.

---

* S자세S posture : 엉덩이를 뒤로 지나치게 밀어주면서 등과 골반 사이에 깊은 굴곡이 생기는 현상

테이크 어웨이를 할 때, 오른쪽 골반을 약간 뒤쪽으로 뺀다는 느낌으로 회전한다. 그래야만 회전이 자연스러울 수 있으며 백스윙 탑이 되었을 때 오른쪽 다리 안쪽에 충분한 힘이 실리게 된다.

백스윙 탑에서의 축과 회전

백스윙 탑에서 축과 회전을 보면 어드레스 때 형성된 척주의 기울기가 그대로 유지된 상태에서 어깨는 90°, 골반은 45° 정도 회전된 모습을 일반적으로 보인다. 이는 척주의 회전운동에 있어서 등뼈의 운동한계가 가장 크고 허리뼈의 운동한계가 가장 제한된 운동해부학적 특성 때문이다. 이 둘의 움직임 차이가 최대회전인데 개인의 유연성 정도에 따라 다르게 나타난다.

올바른 척주 각의 유지는 임팩트를 가장 정확하고 단순하게 만들어 주는 스윙을 하는데 결정적인 역할을 한다. 이러한 자세로 일관된 스윙을 하기 위해선 골퍼와 골프공과의 간격과 체중 분배를 앞뒤로 일관되게 유지하면서 어드레스와 척주의 기울기를 안정화해야 한다. 코어 근육Core muscle을 강화하면 척주의 기울기를 안정화하는데 큰 효과를 볼 수 있다.

Tip 코어 근육이란?

인체 중심이 되는 체간Trunk 부위의 근육을 말하며 해부학적으로는 허리뼈 - 엉치뼈 - 힙에 부착되어 축 역할을 하는 30여 개의 근육을 말한다. 이러한 코어 근육은 대 근육뿐만 아니라 외관상 보이지 않는 깊은 곳에 있는 작은 근육Deep muscles 들까지를 포함한다.

대표적인 코어 근육으로는 가로돌기 가시근육 군, 척추 세움근, 허리 네모 근·넓은 등근·복부 근육·허리근·볼기근 등을 들 수 있다. 기능적으로는 대부분 천천히 지속하는 수축을 담당하는 근육들이며, 세로돌기 가시근육들은 척추뼈 움직임을 감지하는 근방추를 많이 포함하고 있다.

코어 근육은 거의 모든 운동 동작의 시작 부분으로 몸을 회전시키고 구부릴 때 중요한 역할을 담당한다. 따라서 코어 근육의 활성화를 통해 균형 및 운동제어 기능을 극대화할 수 있다. 안정적인 척추 기울기 유지를 통한 좋은 골프 스윙을 만들기 위해서는 반드시 이 부위의 근력 강화를 추천한다.

우리가 턱걸이를 잘하기 위해서 팔 힘만 기르는 것은 비효율적인 방법이다. 이것보다는 등 부위의 근육(척추세움근, 넓은등근, 하부등세모근, 큰원근 등) 강화가 1차적으로 요구된다. 마찬가지로 견고하고도 일관성 있는 골프 스윙을 위해서는 사지의 근력강화도 중요하지만, 코어 근육의 발달을 위한 트레이닝을 선행할 필요가 있다.

의자 끝에 앉아 두 발을 모으고 발바닥에서 체중이동을 충분히 느낄 정도로 좌우 회전을 한다거나 엎드려 수평 유지하기는 코어 근육을 발달시킬 수 있는 간단한 방법이다.

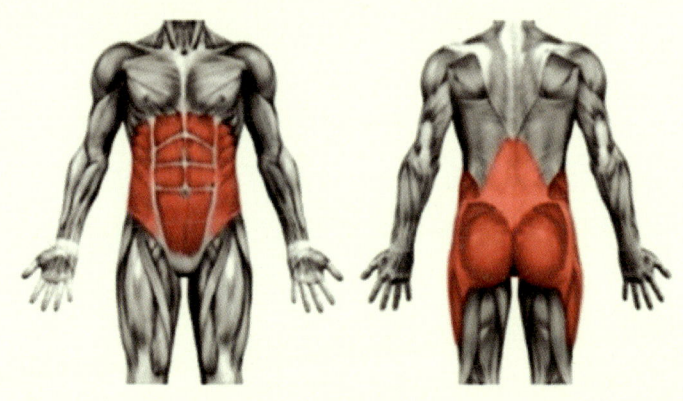

올바른 회전을 확인하는 자가 진단

올바른 회전은 올바른 스윙 궤도를 만들어 준다. 스윙 궤도가 일정해야 언제나 같은 스윙을 할 수 있다. 클럽과 내 몸의 위치를 테이크 어웨이를 하면서 혹은 백스윙 탑의 위치에서 스윙 궤도가 어떻게 이루어지고 있는지 점검하면서 연습 하면 올바른 스윙이 가능하다. 스윙을 자가진단할 때, 척주의 기울기는 중요한 기준이다.

테이크 어웨이를 확인하는 클럽과 몸의 위치

테이크 어웨이를 한 자세에서, 반 우향우 했을 시 어드레스 재연이 가능해야만 올바른 테이크 어웨이가 이루어졌다고 할 수 있다. 어드레스 때 만들어진 척주 각에 변화가 생길 때는 스윙 궤도를 벗어나게 되어 어드레스 재연이 어렵게 된다.

테이크 어웨이 시 클럽이 약간 안으로 들어오지만 수평으로 뺀다는 느낌으로 한다. 클럽이 정상적인 궤도보다 안으로 들어오게 되면 업Up라이트한 스윙이, 바깥으로 빠지면 플렛Flat한 스윙이 될 가능성이 많다. 이러한 궤도는 정상적인 궤도보다 임팩트를 찾아 들어가기가 상대적으로 힘들다.

1장. 스윙, 일관된 회전 만들기

어드레스

테이크 어웨이

| 정상적인 궤도 | 플렛한 스윙 | 업라이트한 스윙 |

정상적인 궤도의 기준은 클럽이 어깨선 높이의 연장선에 있을 때이다.

백스윙 탑의 위치를 잡는 클럽과 몸의 위치 1

좋은 백스윙 탑의 위치는 임팩트로 가는 궤도 Angle of approach 를 올바르게 만들어 줄 뿐만 아니라 단순하게 찾아가도록 한다. 따라서 백스윙을 '어떻게 할 것이냐' 도 중요한 문제이지만 백스윙 탑의 위치를 어떻게 잡을 것이냐에 더 많은 관심을 두어야 한다.

백스윙 탑의 위치를 정하는 기준은 오른쪽의 사진①처럼 어드레스를 취한 후, 사진②처럼 클럽을 앞으로 들고 눈높이에서 클

① ② ③

럽을 어깨높이에 맞추어 45°정도 기울인다. 그리고 오른쪽으로 회전시키면 사진③과 같은 자세가 재연되어야 한다.

백스윙 탑의 위치를 잡는 클럽과 몸의 위치 2

어드레스를 취한 후 테이크 어웨이를 한다. 그리고 클럽을 어깨에 놓고 상체를 오른쪽으로 90° 회전한 후, 왼팔을 편다.

백스윙 탑의 위치를 잡는 연습 방법에서도 척주의 측면과 정면 기울기는 어드레스 시와 동일하게 유지된 상태에서 해야 한다. 이러한 척주의 기울기가 만들어졌을 때 백스윙 탑에서 머리 위치가 올바르게 자리 잡는다. 하체가 리드하는 다운스윙을 하기 위해서는 척주의 기울기와 머리 위치는 매우 중요하다.

2장
잘못된 스윙, 간단하게 해결하기

헤드업, 로프트 각도만 믿고 채를 던져라 01
백스윙, 왼팔을 펴라 02
플라잉 엘보, 지면으로 가슴을 향하게 하라 03
스웨이, 하체 고정이 아니라 무릎 간격을 고정 하라 04
엎어치기, in to in으로 교정하라 05
오버스윙, 샤프트의 위치를 기준으로 삼지 마라 06
체중이동, 하체가 리드하는 회전을 하라 07
릴리스, 배꼽을 사수 하라 08
피니시, 릴리스를 올바르게 수행하라 09
임팩트, 어드레스를 재연하지 마라 10
템포, 리듬을 살려 조화롭게 하라 11
거리, 하체(골반)의 움직임을 점검하라 12

01 헤드업,
로프트 각도만 믿고 채를 던져라

골프 스윙에서 헤드업Head up이란 임팩트가 끝나기 전에 머리를 드는 것을 지칭한다. 룩 업Look up 또는 아이 오프Eye off라고도 한다.

스윙을 하면서 머리를 들면 심각한 문제가 발생하는 것일까? 꼭 그렇지만은 않다. 머리를 들더라도 어드레스를 하면서 이루어진 척주 각이 임팩트 때까지 그대로 유지된다면 아무런 문제도 발생하지 않는다. 따라서 헤드업은 단순히 머리를 드는 개념이기보다는 척주 각과 연관 지어서 좀 더 넓은 개념으로 봐야 한다.

헤드업의 발생 원인을 다양한 곳에서 찾을 수 있지만 먼저 다운스윙을 할 때 왼손의 힘과 관련해서 살펴보면 백스윙 탑에서 다운스윙을 할 때, 왼손에 힘을 주면 왼쪽 어깨가 경직되고 코킹이 풀리면서, 임팩트 구간에선 왼쪽 어깨가 위로 올라가게 된다. 이때, 넙다리네갈래근 쪽과 이루는 척주 각이 커지게 되면서 머리는 자연스럽게 위로 올라간다. 따라서 헤드업이란, 힘이 들어간 왼손에 의해 척주 각이 풀리면서 신체 구조적으로 자연스럽게 머리가 올라가는 현상이다.

골프 스윙에서 헤드업을 하면 어드레스 때 형성된 척주 각이 달라지므로 올바른 스윙 궤도를 형성할 수 없다. 그리고 볼을 스윗 스팟에 정확하게 맞추기가 어렵다. 그러나 골프를 하면서 공을 띄우고자 하는 것은 골퍼의 본능으로 골프 스윙에서 나타나게 되는 헤드업은 골퍼의 본능 중의 하나이다. 따라서 위로 일어서려는 본능을 억제하기 위해서는 지면으로 향하는 힘을 만들어 주어야 한다. 이 방법으로는 어깨의 힘을 빼고 채를 아래로 던지면 된다.

힘을 빼고 채를 바닥에 던질 때는 신체 구조적으로 헤드업을 할 수가 없다. 이것 또한 본능이다. 결국, 골프는 볼을 때리거나 올려 치는 개념이 아니라 클럽의 헤드가 지면으로 힘이 발생하게 채를 던지는 것이다. 골프 스윙에서 백스윙 다음이 포워드 스윙이 아니고 다운스윙이라는 것을 생각해 볼 필요가 있다.

정상

헤드업

2장. 잘못된 스윙, 간단하게 해결하기

이런 개념은 골프 스윙에서 이상적인 힘의 이동 방향을 살펴보면 더욱 쉽게 이해가 된다.

사진에서 보는 것처럼 백스윙에 의한 상체의 회전으로 인해 ①의 방향으로 힘이 이동하게 되며 다운스윙 시 왼발을 단단하게 버티어 줌으로써 지면 반력에 의해 ②의 방향으로 힘이 이동하게 되며 마지막으로 클럽의 힘으로 ③의 방향으로 힘이 이동하게 된다. ③의 방향으로 힘을 가장 효과적으로 전달하기 위해선 어깨의 힘을 빼고 채를 바닥에 던져야 한다.

헤드업을 방지하기 위한 다양한 해결 방법이 골퍼에게 제시되고 있다. 많은 해결 방법 중에서 내가 가장 잘 하는 방법 한 가지만 선택해서 꾸준히 연습하면 효과를 볼 수 있다. 그러나 본능은 유전적으로 몸에 지니고 있는 성질이기 때문에 본능은 본능으로 교정하는 것이 최선의 방법이다.

다음은 헤드업 방지를 위한 표현이다.

- 엎어 쳐라.
- 손등 손바닥 로테이션을 정확히 하라.
- 왼발을 굳건히 버텨라.
- 시선을 공에 충분히 고정하라.

스윙에 따른 힘의 이동 방향

- 다운스윙 시 오른손이 주가 되라(cf : 백스윙 시 왼손이 주가 되라).
- 스윙의 전 과정에서 오른손이 위에 있어야 한다.
- 의도적으로 올려치지 말고 채의 로프트 각도를 믿어라.
- 헤드의 무게를 충분히 느껴라.
- 오른발, 왼발로의 체중이동을 정확히 하라.
- 무게 중심을 지나치게 공 뒤에 두지 마라.
- 수평 회전을 하라.
- 몸(팔)에 힘을 빼라.
- 발바닥에서 무게중심의 이동을 충분히 느껴야 하고 그 중심은 엄지 발가락 안쪽이 좋다.

- 앞 발가락이 마치 독수리가 먹이를 채고 있듯이 잔디를 꽉 물고 있는 느낌으로 스윙하라.
- 발 앞쪽에 무게중심을 두고 스윙하라.
- 임팩트 존을 가능한 한 길게 가져가라.
- 채를 쥐고 있는 상황에서 약간 가슴을 조이고 몸통 회전에 맡겨라.
- 오른발을 가능한 한 늦게 뛰어라.
- 임팩트 후 시선은 오른발 뒤꿈치를 보고 가라.
- 스윙 과정에서 3가지를 체크하라.(체중이동의 발바닥 감각, 헤드의 무게, 공에 대한 시선)
- 백스윙 시 오른발을 견고하게 버텨라.
- 날아가는 공(떠난 연인)에 미련을 갖지 마라.
- 거리에 대한 욕심을 버려라.
- 연습장을 잘 선택하라.(공이 떨어지는 지점이 타석보다 높은 곳은 피하라.)
- 긴장을 풀고 스윙하라.
- 코킹을 너무 빨리 풀지 마라.(백스윙 시 왼쪽 어깨를 너무 다운시키지 마라.)
- 너무 업라이트한 스윙을 하지 마라.
- 어드레스의 척주 각을 임팩트 때까지 그대로 유지하라.
- 다운스윙 시 왼발의 지면 반력을 충분히 이용하라.
- 임팩트 시 허리가 충분히 들어가 주어야 한다.

위의 모든 내용은 어깨의 힘을 빼고 채를 바닥에 던지라는 말로 함축할 수 있다.

Lesson
척추 각이 펴지는 것을 방지하는 연습

바닥에 공 던지기

임팩트 지점에 공을 하나 놓고 어드레스 자세를 취한 다음 오른손으로 채 대신 골프공을 잡고 임팩트 지점에 놓인 공을 던져서 맞춘다. 손에 힘을 주어 공을 잡고 던지지는 말아야 한다. 이러한 동작을 연습하면 팔과 손에 힘을 빼고 던진다는 것에 대한 감을 느낄 수 있다.

바닥에 채 던지기

실제로 채를 들고 임팩트 지점에 채를 집어 던져본다. 힘 빼고 채를 던진다는 느낌을 체득한다.

채를 바닥에 던지고 난 다음 어깨에 올려놓기

어드레스 자세를 취한 후, 힘을 빼고 채를 바닥에 던진다. 그 반동으로 인

해 올라오는 채를 어깨에 올려놓는다.

채를 힘주어 잡고 있으면 어깨에 올려놓을 수가 없다. 바닥에 던진 채를 반동에 의해 자연스럽게 어깨에 올려놓기 위해서는 팔에 힘을 빼고 채를 바닥에 던져야 한다. 특히, 왼손에 힘을 빼야 가능하다. 그 느낌을 이해해야 한다.

로프트 각도를 존중하라

천재 골프 바비 존스Bobby Jones는 "골프에서 볼을 쳐올리는 동작은 하나도 없다.

날아가는 볼은 클럽의 로프트 각Loft angle에 의해 자연스럽게 만들어지는 것이다"라고 했다. 각각의 클럽이 가지고 있는 로프트 각을 존중하는 것은 헤드업 방지의 지름길이다.

02 백스윙, 왼팔을 펴라

'왼팔을 펴라.'는 의미는 왼팔에 힘이 들어가지 않은 상태에서 펴야 함을 뜻한다.

왼팔이 많이 굽어져 있으면 스윙 플랜이 궤도를 벗어날 가능성이 높고 다운스윙할 때, 몸이 앞으로 나가게 되어 어드레스를 하면서 만들어진 척주의 기울기가 변한다. 따라서 왼팔을 편 상태에서 백스윙 하면 이런 문제를 해결할 수 있으며 타격의 일관성이 좋아진다. 이때, 절대로 힘이 들어간 상태로 왼팔을 펴서는 안 된다.

힘이 들어간 상태에서 왼팔을 펴게 되면 스윙의 전 과정에도 힘이 들어가게 된다. 이렇게 되면 에너지가 분산되어 임팩트 지점에서 강한 힘을 발휘할 수 없게 된다. 또한 어깨 회전이 잘되지 않고 임팩트 타이밍을 맞추기가 쉽지 않다. 옛말에 '힘으로 흥한 자 힘 때문에 망한다'라고 하는 말처럼 골프에서 힘을 쓰게 되면 스윙의 모든 결과를 망치게 된다.

팔에 들어가는 힘은 앞으로 나란히 했을 때의 느낌이 적당하다. 이런 상태는 손과 가슴이 같은 방향을 보고 있다. 그러나 스윙

왼팔에 힘이 들어간 경우　　　　왼팔에 힘이 들어가지 않은 경우

을 할 때, 회전을 하지 않고 팔만 들어 올리는 경우는 손이 가슴과 같은 방향에 있지 않은 상태가 되어 신체 구조적으로 팔에 힘이 들어갈 수밖에 없다.

팔에 힘을 빼는 방법의 하나는 올바른 회전 하는 것이 가장 중요하다. 골프는 팔의 힘을 빼야만 하는데 이것은 참으로 어려운 과정이다.

Lesson
왼팔에 힘을 빼는 연습

엄지, 검지에 힘을 빼고 그립 잡기

엄지, 검지를 힘 있게 마주 잡고 어깨를 돌려본다. 이런 상태에서는 어깨에 힘이 들어감을 알 수 있다. 그러나 엄지, 검지를 제외한 나머지 세 손가락으로 힘을 주면서 그립 자세를 취하고 어깨를 돌려본다.

엄지와 검지에 힘을 빼고 그립을 하게 되면 인체 해부학적으로 팔의 힘 또한 자연스럽게 빠지게 됨을 체득한다.

엄지, 검지에 힘이 들어간 모습   엄지, 검지를 제외한
나머지 세 손가락에 힘이 들어간 모습

이미지 활용하기

나무에 못을 박을 때 사람들은 망치 자루를 손으로 꽉 잡고 팔에 힘을 주며 망치질 하지 않는다. 대파나 무를 자를 때도 칼자루를 손으로 꽉 잡거나 팔에 힘을 주며 칼질 하지는 않는다. 여기서 팔에 힘을 주지 않는다는 것은 엄지, 검지에 힘을 주지 않아야 함을 의미한다. 오히려 중지, 약지, 소지, 세 손가락은 더 견고하게 잡고 임팩트가 이루어지게 해야 한다. 마찬가지로 골프 스윙에서도 이와 같은 원리를 적용해야 한다.

눈을 감고 아래의 그림에 대한 이미지를 반복해서 생각해 보자. 골프채를 잡고 같은 느낌으로 공을 타격하는 상상을 해 보자. 이러한 이미지 기법을 통해 임팩트를 위한 힘의 분배와 좋은 임팩트를 위해서 팔의 힘을 어떻게 빼야 하는지 스스로를 익숙하게 해야 한다.

우리는 일반적으로 프로 선수의 좋은 스윙을 보면서 이미지 트레이닝을 하지만 힘의 분배가 가져다주는 임팩트의 차이를 생각하면서 이미지 트레이닝을 하지는 않는다. 좋은 스윙의 이미지에 망치질 하는 힘의 분배를 오버랩시켜서 연습하는 것도 골프 스윙에서 팔에 힘을 빼는 좋은 방법이다.

03 플라잉 엘보,
   지면으로 가슴을 향하게 하라

플라잉 엘보Flying elbow란 백스윙 탑에서 오른손이 스윙 궤도에서 심하게 벗어나 오른쪽 팔꿈치가 지면을 향해 있지 못한 상태를 말한다. 플라잉 엘보가 나타나면 치킨 윙*이 만들어질 가능성은 매우 높다. 따라서 올바른 회전을 통한 플라잉 엘보 방지는 치킨 윙 방지를 위해서도 매우 효과적이다.

플라잉 엘보의 문제점은 2가지가 있다.

---

* 치킨 윙chicken wing : 다운스윙 시 리드하는 왼쪽 팔꿈치가 펴지지 않는 현상을 말한다.

첫째, 엎어 치는 스윙이 된다.

플라잉 엘보가 되어 있는 상태에서는 구조적으로 스윙 궤도가 out to in이 되므로 스윙은 엎어 치게 된다. 이때 볼의 구질은 다양하게 나타나며 방향을 예측할 수 없다.

플라잉 엘보 　　　　　　　　　　　치킨 윙

둘째, 볼을 다운블로로 칠 수 없다.

엎어 치는 것을 방지하기 위해선, 사진①과같이 바깥쪽에 있는 궤도를 인사이드로 끌고 들어오기 위해서는 사진②처럼 채를 잡아채야만 한다. 이때, 사진③과같이 코킹이 풀리고 스웨이가 일어나며 왼쪽 어깨가 올라가게 되어 헤드업이 이루어진다. 신체 구조적으로 볼을 다운블로로 칠 수 없다.

결국 플라잉 엘보는 척주 각의 변화를 가져오게 만들며 이러한 현상은 샷의 일관성을 무너트리고 타구에 체중을 싣지 못해 비거리를 떨어지게 한다. 볼의 탄도가 높고 예쁘지만 타구에 힘이 없고

방향성에 일관성이 없다면 스윙 상태가 플라잉 엘보로 인해 볼을 다운블로로 치고 있지 못하는지 점검해 볼 필요가 있다.

이러한 플라잉 엘보는 회전 없이 팔로만 스윙 했을 때 나타난다. 따라서 플라잉 엘보를 방지하기 위해선 반드시 하지와 힙의 회전이 선행된 충분한 어깨 회전을 해야 한다.

Lesson

플라잉 엘보를 방지하는 연습

한 번도 채를 잡아보지 못한 골프 초보자에게 채를 주고 볼을 쳐 보라고 하면 99%가 플라잉 엘보가 된다. 그 이유는 볼을 치기 위해 채를 드는 것은 알고 있지만 회전의 개념은 잘 모르고 있기 때문이다. 따라서 플라잉 엘보를 보이는 골퍼에게는 가슴이 지면을 향한 상태에서 상체 턴을 했을 때 신체가 어떻게 반응하는지 이해하는 것이 중요하다.

오른팔로만 스윙하기

어드레스 자세를 취하고 오른손으로만 채를 잡고 백스윙한다. 이때 오른손의 팔꿈치가 지면을 향하도록 하고 관절각도는 90°를 유지한다. 이 자세가 만들어지면 왼손으로 잡는다. 이러한 연습을 통해서 오른쪽 팔꿈치의 위치에 대한 느낌을 인지한다.

양팔 사이에 고무공 끼우고 스윙하기

양팔 사이의 간격 크기보다 약간 작은 고무공을 끼우고 어드레스 자세를

취한 다음 팔꿈치 사이에 낀 볼이 떨어지지 않도록 백스윙한다. 고무공 대신 양팔 간격을 고정할 수 있는 밴드 등의 도구를 사용해도 된다. 오른쪽 팔꿈치의 위치에 대한 느낌을 인지한다.

회전을 통한 플라잉 엘보 방지하기

어드레스 자세를 취한 후, 상체를 우측으로 90° 회전시킨다. 채를 어깨높이에서 45° 기울인 후, 팔을 뻗어 백스윙 탑의 위치를 잡는다. 언제나 가슴 위치는 지면을 보고 회전해야 하며 상체의 턴이 제대로 이루어진 경우에는 플라잉 엘보가 일어날 수 없음을 체득한다.

04 스웨이, 하체 고정이 아니라 무릎 간격을 고정하라

스웨이Sway란 백스윙을 할 때, 측면으로 과도하게 움직이면서 체중이 밀리는 현상이다.

백스윙과 다운스윙을 할 때, 몸의 축이 이동하는 이유는 체중이 이동하기 때문이다. 스윙을 하면서 몸의 축이 약간 움직이는 것은 당연하다. 그러나 하체가 조금 움직이는 체중 이동으로 임팩트 파워가 좋아지는 장점은 있으나 하체의 움직임이 지나치게 많으면 임팩트가 이루어지는 순간, 정확성이 떨어지기 때문에 주의해야 한다.

스윙할 때, 몸의 움직임은 크게 3가지로 나타난다.

좌우와 상하 그리고 앞뒤의 움직임이다. 하체가 많이 움직인다는 것은 좌우로 많이 움직인다는 것이다. 이때, 백스윙을 하면서 오른쪽 무릎의 움직임을 살펴보면 이해하기가 쉽다.

하체를 고정하고 백스윙 하기 위해 회전을 하다 보면 어드레스 때 취한 무릎의 위치가 사진②처럼 그대로 유지되는 반면 하체가 많이 움직이는 회전을 할 경우에는 사진③과같이 몸통을 벗어나 바깥쪽으로 많이 밀려 나간다. 또한 무릎 간격도 어드레스 때와 달라진다. 이와 같은 경우를 하체가 많이 움직인다고 말한다.
하체가 고정된 회전을 할 경우에는 어드레스 때보다 A부분의 공간이 더 넓어진다.

하체를 많이 움직이는 이유는 백스윙을 할 때 왼쪽 어깨가 다운 되면서 허리 회전이 되지 않았거나, 셋업을 하면서 체중 분배나 스탠스가 잘못되었거나, 거리에 대한 욕심 때문에 나타난다.

하체를 움직인다고 해서 볼을 잘못 친다는 것은 절대 아니다. 골퍼의 고유한 패턴 속에서 얼마든지 스윙이 좋은 결과를 가져올 수도 있다. 그러나 좋은 스윙은 단순해야 하는데 하체가 많이 움직이면 스윙은 복잡해진다. 스윙이 복잡해지면 복잡해질수록 임팩트가 이루어질 때 오차가 발생할 확률이 높아진다. 이러한 오차는 일관된 스윙을 어렵게 한다.

Lesson

무릎 간격을 일정하게 유지하는 연습

하체가 많이 움직일 경우, 이를 방지하기 위해 하체의 근력을 강화해야 한다. 하체의 단단한 고정은 스윙을 위해 아무리 강조해도 지나치지 않는다. 그러나 하체를 고정해야 한다는 생각은 하지 근력 강화에만 집착하고, 회전의 필수인 허리 움직임을 간과 시킬 수 있다. 하체의 근력은 우리가 걸어 다닐 힘만큼이면 충분할 수도 있다. 올바른 회전과 밸런스 운동으로 하체의 안정감을 바로 잡는 것이 선행되어야 한다.

왼발을 90° 벌려놓고 백스윙

어드레스 자세를 취한 후 왼발을 왼쪽으로 90° 회전시킨 다음 백스윙을 한다. 백스윙할 때 왼쪽 무릎이 앞으로 나가는 느낌을 인지한다. 왼쪽 발을 평상시 스탠스 자세로 놓고 스윙을 할 때도 그 감을 느껴야 한다.

무릎에 공 끼고 스윙하기

어드레스를 할 때, 무릎 사이에 볼을 끼운다. 그 간격을 그대로 유지하면서 백스윙한다. 이때, 볼이 떨어지면 스윙 시 무릎 간격이 벌어진 것이다. 양 무릎 사이에 공을 끼고 스윙을 연습하는 것은 무릎 간격을 일정하게 유지하는 데 도움이 된다.

바닥이 미끄러운 곳에서 양말 신고 스윙하기

이 연습은 스윙 시 발바닥의 체중 분배를 이해함으로써 스웨이를 방지하기 위한 연습이다. 어드레스 자세를 취한 후 백스윙을 한다. 처음에는 천천히 스윙을 해서 발바닥에서 일어나는 체중이동의 감각을 충분히 느낄 수 있도록 한다.

사진에서 보는 것처럼 백스윙 시 왼발 엄지발가락 안쪽 부분 ①로 미는 느낌으로 회전을 해주게 되면 오른발 안쪽 뒷부분②에 이동한 힘이 실리게 된다. 이렇게 되면 백스윙 시 발바닥에서 이동하는 체중의 힘은 대각으로

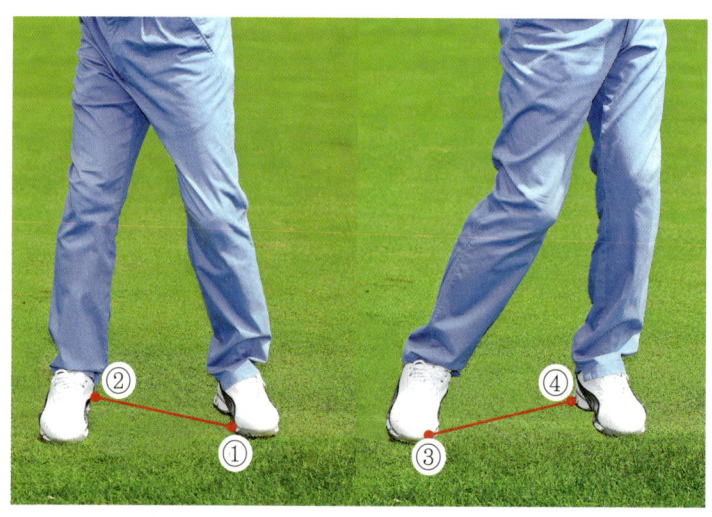

백스윙　　　　　　　　다운스윙

걸리게 되어 균형을 잡기가 용이할 뿐만 아니라 스웨이를 방지할 수 있다. 다운스윙 시 체중이동이 이루어지면서 힘은 다시 오른발 앞꿈치 ③에서 왼발 앞꿈치 ④로 이동한다. 미끄러운 방바닥이나 얼음 위에서 스윙을 해보면 쉽게 느낄 수 있다. 스웨이가 될 때 ①, ②에 체중이동의 힘을 미리 만들어 놓고 스윙해도 효과적이다.

엎드려 수평 유지하기

이 연습은 전신 근육 중, 코어 근육을 발달시켜 스웨이를 방지한다. 양발을 모으고 엎드려서 어깨너비로 팔꿈치와 팔로만 수평 자세를 유지한다. 30초 동안

유지하며 1일 4세트를 실시한다. 점차적으로 1분까지 시간을 늘린다. 이 자세가 익숙해질수록 팔꿈치를 앞으로 내밀어 부하를 크게 만든다. 짐 볼을 이용하면 밸런스와 집중력 강화에도 효과적이다.

셋업 자세를 잘 취한다

체중 분배와 스탠스를 점검할 필요가 있다. 긴 채일수록 어드레스 때부터 체중을 오른발에 더 많이 두어야 한다. 이렇게 하면 상체의 회전만으로 체중이동이 완성되는데 셋업을 하면서 체중이 왼발에 많이 남아 있으면 백스윙 시 스웨이가 될 확률이 높아진다. 또한 스탠스를 너무 좁게 하면 좌우의 움직임이 약해질 수 있다.

거리에 대한 욕심을 버려라

거리를 멀리 보내고자 할 때는 반드시 올바른 회전과 충분한 연습량을 통해 골반 · 상체 · 클럽의 운동학적 움직임을 조화롭게 만들어 주어야만 한다. 이러한 선행과정 없이 볼을 멀리 보내고자 하는 것은 욕심이며 그 욕심은 몸의 움직임을 지나치게 크게 만들 수 있다.

05 엎어 치기,
in to in으로 교정하라

어드레스 자세에서 클럽 헤드 중앙과 어깨를 지나는 가상의 선을 긋는다. 다운스윙 시 샤프트가 이 가상의 선보다 바깥쪽에서 내려올 때 "엎어친다" Over the top라고 한다.

이 경우 스윙 궤도가 아웃인이 되어 클럽 가속이 어렵고 손목이 풀리거나 볼이 깎여 맞을 확률이 높아진다. 결국 볼의 방향성이 나빠지고 각 클럽은 제 거리를 내지 못한다. 다양한 원인이 있지만 여기에서는 두 가지만 설명하겠다.

사진①처럼 백스윙 시 어깨 턴이 작거나, 사진②처럼 다운스윙 시 몸의 축이 왼쪽으로 너무 많이 움직이면 엎어 치는 스윙이

된다. 스윙 궤도를 살펴보면, 사진①은 궤도 시작 자체가 out에 위치하고 있고 사진②의 궤도는 in에 있지만 백스윙 탑에서 힘이 들어갔거나 너무 빠른 템포 때문에 out to in의 궤도가 형성되면서 엎어 치는 스윙이 된다. 물론, 이때 코킹이 풀리면서 임팩트가 이루어지는 구간에서 왼쪽 어깨가 지나치게 많이 열린다. 결국 축에도 잘못된 변화가 이루어진다.

스윙 궤도는 타깃과 비교하여 다운스윙에서 임팩트로 들어오는 클럽 헤드의 궤도를 말하여 3가지 형태가 있다. 즉, 아웃사이드 투 인사이드 스윙 궤도, 인투인 스윙 궤도, 인사이드 투 아웃사이드 스윙 궤도이다.

아마추어 골퍼에게 out to in의 스윙 궤도는 스윙 과정에 있어서 연쇄적으로 나쁜 영향을 주어 스윙의 좋은 결과를 기대할 수 없게 만든다. 따라서 out to in의 궤도가 in to in으로 이루어지도록 해야 한다.

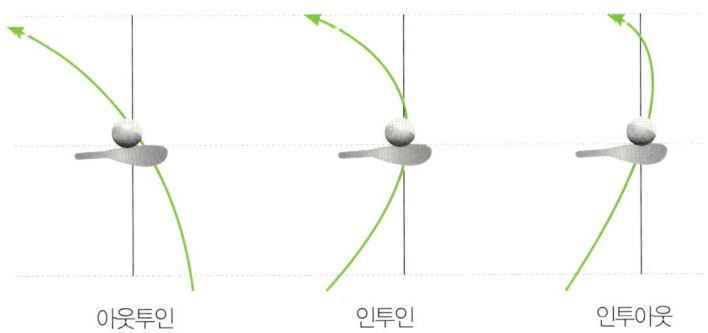

아웃투인   인투인   인투아웃

Lesson
엎어 치는 스윙을 방지하는 연습

클럽 헤드를 보면서 스윙하기

스윙 하면서 머리를 너무 고정하려고 하면 백스윙 시 어깨 턴이 작아져서 엎어 치게 된다. 이런 경우에는 클럽 헤드를 보면서 백스윙 연습을 하면 효과적이다. 백스윙 시 어깨 턴이 작아지는 것을 방지할 수 있고 회전에 따른 머리의 자연스러운 움직임을 이해하게 된다. 하지만 이러한 연습 방법은 축이 무너질 수 있고, 스윙 시 다른 신경과 근육이 동원(연습) 될 수 있으므로 매우 주의해야 한다.

임팩트 시 머리 위치를 공 뒤쪽에 두고 연습하기

임팩트 자세를 취한다. 이때 머리 위치가 공 뒤쪽에 있는 것을 확인한다. 축(척주)의 움직임을 최소화해 다운스윙 시 몸의 축이 왼쪽으로 많이 움직이는 것을 방지할 수 있다.

06 오버스윙,
샤프트의 위치를 기준으로 삼지 마라

오버스윙이란 상체를 지나치게 많이 회전해서 정상적인 회전의 범위(아이언 5번 기준 : -74°~ -86°)를 훨씬 넘어선 경우를 말한다.

골프채가 지면과 수평을 이루는 것보다 더 많이 넘어간 상태를 오버스윙이라 흔히 말하는데 이런 경우는 사진①처럼 '플랜을 벗어났다Out the plane' 고 표현하는 것이 정확한 표현이다. 정상적인 회전을 했을지라도 왼팔이 많이 굽어졌거나 손목이 꺾일 경우 그리고 그립을 견고하게 쥐지 못하고 백스윙 탑에서 왼손이 너무 느슨해지거나 채에서 떨어질 경우 플랜을 벗어난다.

문제는 백스윙 시 척주 각이 펴지면서 역 피봇Reverse pivot*이 된

플랜을 벗어난 경우   오버스윙이 된 경우

사진②와 같은 형태의 오버스윙은 정상적인 회전의 움직임을 깨지게 만든다. 즉, 다운스윙 할 때 허리가 먼저 반응하지 못하고 손이나 상체가 먼저 반응하게 된다. 이렇게 되면 코킹이 풀리고 릴리스가 되지 않으면서 손목이 꺾이는 스쿠핑Scooping** 현상이 일어날 수 있다. 오버스윙이 가져오는 문제를 스윙 궤도에서 좀 더 자세하게 살펴보면 다음과 같다.

첫째, 사진③과같이 스윙 궤도가 올바른 경우의 구질.

---

* 역 피봇Reverse pivot : 백스윙 시 척추 각도를 넘어가 왼쪽에 있는 경우.
** 스쿠핑Scooping : 임팩트 시 왼손목이 위로 향하는 현상.

1. 오버스윙은 2. 체중이동이 안 되고 풀어친다.
3. 어깨가 올라가고 릴리스가 되지 않는다.   4. 피니쉬가 정상적으로 나오지 않는다.   ③

스윙 궤도가 in to in이 되었다 할지라도 체중이동이 안 될 가능성이 크며 머리가 뒤쪽으로 떨어지는 현상 Hang back이 일어나며 풀어치게 된다. 왼쪽 어깨는 올라가고 릴리스는 되지 않는다. 결국, 임팩트 존이 짧기 때문에 타구에 힘이 실리지 못하게 된다. 이때 공의 비행 구질은 주로 풀 샷이나 슬라이스로 나타난다.

둘째, 사진④와 같이 스윙 궤도가 올바르지 않은 경우의 구질.

1. 오버스윙은 2. 엎어 친다.
3. 릴리스가 되지 않는다. 4. 피니쉬가 정상적으로 나오지 않는다.

④

스윙 궤도가 out to in이 되어 엎어 치게 된다. 이때 체중이동은 잘 되지만 머리가 공보다 앞쪽으로 나오는 형태가 되고 왼쪽 벽이 무너지게 된다. 또한 릴리스가 정상적으로 나오지 않게 되고 팔만 들어 올리는 피니쉬가 된다. 이때 공의 비행 구질은 주로 풀 훅으로 나타난다.

결국, 두 가지 모두 스윙 스피드가 느려지며 스윙은 한없이 복잡해져 공을 원하는 곳에 옮겨놓기 어렵게 한다.

물론, 오버스윙을 하더라도 일정한 템포로 볼을 스윗 스팟에 맞힐 수만 있다면 문제가 되지 않는다. 하지만 이것은 상당히 어려운 문제이며 정상적인 스윙보다는 비효율적이다. 또한, 지나친 오버스윙은 백스윙 시 어드레스의 척주 각을 벗어나 상체가 과도하게 뒤로 젖히는 현상 Reverse spine 이 발생하면서 부상이 일어날 수 있다. 따라서 오버스윙은 반드시 수정하는 것이 좋다.

Lesson
오버스윙을 방지하는 연습

오버스윙 방지를 위한 다양한 방법들이 제시되고 있지만 오버스윙 방지에 대한 근본적인 답은 회전에서 찾아야 한다. 올바른 회전을 한다면 오버스윙은 하려고 해도 이루어지지 않는다.

풀스윙 하지 않는다

하프 또는 3/4 이하의 스윙을 한다. 스윙의 크기를 줄였기 때문에 리듬을 찾기가 어려울 수 있다. 따라서 천천히 리듬감 있게 할 수 있도록 하며 피니쉬는 끝까지 해준다. 이러한 연습을 통해서 스윙의 크기를 줄여도 거리가 줄어들지 않음을 체험할 수 있으며 공이 스윗 스팟에 맞는 비율을 높일 수 있다.

범프 엔 턴(Bump & Turn) 연습을 한다

체중이동을 하면서 허리 턴을 한다. 이때 허리 로테이션을 빨리 가져가려고 노력한다. 이러한 연습은 회전의 움직임 순서를 정상적으로 가져가는데 도움이 된다.

분석 장비를 활용해서 오버스윙을 확인한다

자신의 스윙을 단순 사진 촬영으로 나타난 샤프트의 위치로 오버스윙이라 평가하지 말고 3D 동작 분석을 통해 상체의 턴을 기준으로 해서 오버스윙을 확인해 본다.

아래 표는 백스윙 탑과 임팩트에서 골반과 상체의 턴 정도를 보여주고 있다. 백스윙 방향의 회전은 마이너스(-) 값으로 다운스윙 방향의 회전은 플러스(+) 값으로, 표시되어 있다. 그림에서는 상체 턴이 -94° 회전된 상태로 정상 범위를 훨씬 넘어서 오버 턴 예를 보여주고 있다. 또한 임팩트 시 상체가 닫혀 있음을 보여주고 있다.

	Top	Impact
골반 회전 (RELVIS TURN) 측정자의 값	-44°	+36°
정상범위	-30° To -46°	35° To 50°
상체 회전 (UPPER BODY TURN) 측정자의 값	-94°	+18°
정상범위	-74° To -86°	26° To 34°

(60%)

* 분석장비 : 3D 동작 분석기(모델:K-Motion interactive), 사용한 클럽: 아이언 5번

07 체중이동,
　　하체가 리드하는 회전을 하라

체중이동은 템포, 밸런스와 깊은 연관이 있으며 '체중이동이 되지 않는다.'라고 할 때는 주로 다운스윙을 할 때, 오른발에 실린 체중이 왼발로 옮겨지지 않은 상태를 말한다. 체중이 이동하지 않으면 스윙 궤도가 이탈한다. 신체 구조적으로 볼을 다운블로로 칠 수 없다. 체중이 이동하지 않는 이유를 살펴보면 다음과 같다.

첫째, 백스윙 탑에서 템포가 너무 빠를 때이다.
백스윙 탑에서 템포가 빠르면 다운스윙 시 하체가 체중이동을 리드할 수 없게 될 뿐 아니라 몸에 힘이 들어가게 된다. 체중이동이 이루어지지 않으면 자연스럽게 몸에는 힘이 들어가고 손목은 일찍 풀린다. 이는 결국 헤드업을 하면서 볼을 다운 블로로 칠 수 없게 한다.

둘째, 백스윙 탑에서 머리 위치가 잘못되었을 때이다. 백스윙 탑에서 머리 위치가 잘못되어 있다는 것은 어드레스 때의 척주 기울기에 잘못된 변화가 일어났으며 몸의 밸런스가 무너졌다는 증거이다. 정면에서 보았을 때의 척주 기울기는 정상적인 위치에서 왼쪽으로 심하게 벗어나 있으며 올바른 회전이 이루어지지 않은 상태이다.

백스윙 시 체중이동

체중이동의 리드	상체의 회전
축의 이동	오른쪽으로 머리가 약간 이동
방법	상체의 회전만으로 오른쪽으로 체중이동을 완성한다.

다운스윙 시 체중이동

체중이동의 리드	힙과 하체가 리드된 회전
축의 이동	왼쪽으로 약간 이동
방법	머리는 고정되어 있고 임팩트 이전에 하체(힙)이동만으로 체중이동은 이미 완성된 상태가 된다.

107쪽의 사진①은 역 피봇이 된 상태로 왼쪽 어깨가 다운되어 있으며 스웨이가 일어난 상태이다. 이때의 머리 위치는 사진②와 반대로 공 위나 공보다 앞쪽에 있게 된다. 이런 경우는 스윙 시 체중이동이 상하로 일어나기 때문에 신체 구조적으로 우에서 좌로 체중이동이 어렵게 된다. 체중이동이 된다 하더라도 궤도에 문제가 생겨 엎어 치는 스윙이 될 수밖에 없다.

프로선수들이 스윙 할 때, 머리가 움직이지 않는 것은 사진②처럼 머리 위치가 잘 셋업되어 있기 때문이다.

셋째, 무의식중에 잠재된 의식이다.
골퍼는 공을 띄워야 한다는 생각을 무의식중에 한다. 이런 잠재된 생각이 볼을 의도적으로 올려치게 한다. 올려 치는 스윙은 체중이동을 할 수 없게 만든다. 따라서 로프트 각도를 믿고 채를 바닥에 충분히 던져주어야만 한다.

백스윙과 다운스윙 시 체중이동은 반드시 어드레스 때 형성된 척주 기울기를 유지한 채 몸통 안에서만 이루어져야 한다. 또한, 체중이동은 스윙이 역동적으로 진행되는 과정에서 이루어지는 것이므로 몸의 균형이 매우 중요하며 물 흐르듯이 자연스럽게 진행되어야 한다.

백스윙이 진행되는 동안에 이미 다운스윙의 체중이동이 진행되고 있기 때문에 체중이동과 스윙 구간을 도시 구역 나누듯 구분할 수 없다.

Lesson
체중이동을 위한 연습

체중이동의 연습 방법으로는 스텝 스윙과 걸으면서 스윙하기가 효과적이다. 이 두 가지 방법 다 한 발을 지면에서 띄우는 연습 방법이다. 한 발을 지면에서 띄우면 한쪽으로의 체중이동을 충분히 느낄 수 있다. 실내에서는 채 없이 손동작으로 연습하는 것도 효과가 있다.

스텝 스윙

스탠스를 취한 다음 두 발을 모으고 우좌로 한발씩 띄면서 리듬 있게 스윙한다. 백스윙 시는 왼발을 들고, 치고 난 다음에는 왼발에 완전하게 체중을

실어준다. 대표적인 예로는 김혜윤 프로의 드라이버 스윙을 들 수 있다. 체중이동에 대한 느낌을 이해할 수 있다.

걸으면서 스윙

앞으로 걸어가면서 리듬 있게 스윙한다. 체중이동에 대한 느낌을 이해하며 리듬감을 향상시킨다.

08 릴리스, 배꼽을 사수하라

릴리스Release는 다운스윙과 팔로우의 연결고리로 몸의 중심을 잡기 위한 필연적인 신체 반응이다. 그리고 이 릴리스는 거리를 내기 위해 클럽 스피드를 내는데 그 목적이 있다.

서서 스윙하면 몸의 균형을 유지하기 위해 몸 중심(배꼽)에서 릴리스가 자연스럽게 이루어지는 것을 알 수 있다. 이처럼 스윙하면서 릴리스의 동작은 자연스럽게 이루어져야 한다.

릴리스의 범위는 다운스윙 시 코킹이 풀리는 지점에서 팔로우 시 대칭이 되는 지점까지이며 이러한 범위에서 릴리스를 방해하는 요인은 다음과 같은 것이 있다.

첫째, 그립을 너무 약하게 잡으면 발생할 수 있다.

너무 약하게 그립을 잡으면 오히려 회전에 따른 자연스러운 릴리스를 방해한다. 그립은 견고하고 강하게 잡아야 한다. 힘의 구심점이 생겨 릴리스를 더 자연스럽게 만들어 주기 때문이다. 만약 릴리스가 안될 만큼 강하게 잡았다는 것은 잘못된 그립을 취했을 가능성이 높다. 모든 클럽은 토우 부분이 넓게 설계되어 있다. 이는 회전 시 원심력에 의해 자연스럽게 릴리스가 될 수 있도록 구조적인 설계를 해 놓았기 때문이다.

둘째, 임팩트가 이루어질 때 어드레스 시 잡아놓은 척주 각을 유지하지 못하면 발생할 수 있다.

임팩트 시 왼쪽 어깨가 올라가면서 척주 각이 커지게 될 경우에는 릴리스의 범위가 너무 넓어지게 된다. 이렇게 되면 채의 끝이 릴리스의 중심인 배꼽에서 멀어지게 되면서 릴리스의 타이밍을 잡기 어렵게 된다.

셋째, 체중이동이 이루어지지 않으면 발생할 수 있다.
다운스윙 할 때, 오른쪽 발에 있던 체중이 왼쪽 발로 이동이 되지 않고 오른쪽 발에 많이 남아 있게 될 경우 어퍼블로가 되어서 릴리스를 할 수 없게 된다.

위와 같은 방해 요인에 의해 릴리스가 되지 않을 때는 스윙 동작과 볼의 구질에 심각한 문제가 나타난다. 좋은 임팩트를 만들어 주지 못할 뿐만 아니라 피니시가 정상적으로 이루어지지 않는다. 즉, C자 형태의 하이 피니시가 나올 수 있으며 피니시 상태에서 그립을 놓칠 수도 있다. 또한, 당겨 치는 동작으로 전형적인 치킨 윙의 모양이 나타날 수 있다.

볼의 구질에서는 아웃 인의 스윙 궤도로 인해 슬라이스나 훅, 특히 풀 훅성 구질이 나올 수 있다. 또한 인 아웃으로 스윙 할 때는 퍼 올리는 스윙이 되므로 볼에 힘이 실리지 않는다. 결국 이러한 문제는 볼이 비행해야 할 방향과 거리에 나쁜 영향을 미친다.

Lesson
자연스러운 릴리스를 위한 연습

발을 교차해 놓고 채를 스윙한다

어깨너비로 자연스럽게 선 다음 왼발을 오른쪽으로 이동시켜 놓는다. 단, 반드시 왼발을 이동시킨다. 그래야만 상체가 돌아가는 것을 방지할 수 있다. 채를 손가락으로 잡고 힘을 빼고 가볍게 미니로 스윙한다. 또한 의도적으로 릴리스를 하지 않아야 한다.

이렇게 하면서 릴리스가 될 때와 되지 않을 때의 차이를 체험한다. 릴리스가 자연스럽게 이루어질 경우에는 몸의 중심이 잘 잡히지만 릴리스가 안 될 경우에는 몸의 중심이 잡히지 않음을 알 수 있다.

스플릿 핸드 그립(Split hand grip) 연습

왼손과 오른손을 떨어지게 해서 그립을 잡고 채가 지면과 수평이 된 상태로 스윙한다. 릴리스가 쉽게 되며 그 느낌을 이해한다.

특히, 릴리스 시 왼손의 굽힘 정도와 그 크기를 이해하면서 코킹 때와 대칭이 되어야 한다. 이러한 연습은 릴리스가 몸의 중심을 잡기 위한 자연스러운 현상임을 알게 한다. 따라서 편안하고 간결한 스윙을 위해서는 좋은 릴리스가 필수다.

09 피니시,
릴리스를 올바르게 수행하라

피니시는 릴리스와 매우 깊은 연관성을 가지고 있다. 즉, 릴리스가 제대로 이루어지지 않으면 올바른 피니시가 결코 나올 수 없다. 따라서 릴리스를 좀 더 구체적으로 살펴볼 필요가 있다.

먼저, 릴리스가 잘 된 경우와 안 된 경우를 살펴보자.
사진에서 보는 것처럼 올바른 릴리스는 언 코킹이 되고 그다음 손목, 팔뚝이 회전하는 것이다. 그리고 그 범위는 좌우 대칭이 되어야 한다.

릴리스가 안 되는 이유는 사진①처럼 손목이 꺾이거나 사진②처럼 손목과 팔뚝의 회전이 안 되고 똑바로 갈 경우이다.

손목이 꺾일 경우에는 왼 팔꿈치가 뒤로 빠지게 된다. 손목과 팔뚝이 회전이 안 되고 똑바로 갈 경우에는 몸의 축이 왼쪽으로 끌려가게 되고 왼쪽 어깨가 들리게 된다. 결국, 릴리스가 안 되는 스윙은 거리와 방향성에 나쁜 영향을 준다. 릴리스가 잘 될 때 클럽 스피드를 낼 수 있으며 볼은 똑바로 날아가게 된다.

피니시가 중요한 이유는 피니시가 스윙의 결과물이기 때문이다. 스윙 과정에서 이루어진 템포와 타이밍 그리고 균형이 피니시에 나타난다. 피니시를 보면 골퍼의 그립 형태까지 역 추적이 가능하며 볼의 구질을 예측할 수 있다. 이런 측면에서 골프는 스윙에 대해 자가 진단이 가능하며 피니시에 많은 시간을 할애해서 연습해야 한다.

척주 각을 기준으로 피니시 동작을 구분해 보면, 사진③처럼 어드레스 때만큼의 기울기를 유지한 형태와 사진④처럼 어드레스 때의 기울기를 유지하지 않고 일자로 선 형태로 나눌 수 있다. 사진③은 임팩트 이후 오른쪽 어깨가 계속 밀고 들어가서 유지되는 형태의 피니시 동작이고 사진④는 임팩트 이후 바로 일어선 형태의 피니시다.

골퍼의 유연성에 따라 다르게 권장될 수는 있지만 반드시 이 동

작이 좋다고 말하기는 어렵다. 하지만 어떤 동작을 취하든 무릎의 모양은 오른쪽 무릎이 왼쪽 다리에 붙는 자세여야 하고 그립을 놓쳐서는 절대 안 된다. 그립을 놓쳤다는 것은 릴리스가 제대로 이루어지지 않았고 그립의 밀착도와 강도에 변화가 생겼다는 증거이다. 그리고 가슴은 목표방향을 바라보고 있어야 한다.

오른발과 무릎을 기준으로 해서 잘못된 피니시 동작을 살펴보면 무릎이 많이 벌어진 사진⑤와 뒷다리가 펴진 사진⑥ 그리고 체중이동이 안 된 사진⑦을 들 수 있다. 이러한 자세는 임팩트에 강한 추진력을 전달해 주지 못하게 된다.

릴리스와 비거리는 어떤 관계인가?

골프에서 임팩트의 강도를 결정짓는 다양한 요인들 중에 팔에서 일어나는 요인들로는 코킹과 언 코킹 그리고 릴리스를 들 수 있다. 우리가 복싱을 할 때 팔을 쭉 뻗은 상태에서 가격을 하게 되면 그 강도는 매우 약할 것이다. 하지만 일정한 팔의 관절 각도를 유지한 상태에서 팔을 뻗으면서 가격을 하게 되면 임팩트 강도는 상당히 커진다. 이것보다 더 큰 강도의 임팩트를 만들기 위해서는 팔을 뻗을 때 주먹에 회전을 주어야 한다.

위와 같은 현상을 골프 스윙에 접목해 보면, 일정한 각도는 코킹과 언 코킹에 해당되며 회전은 릴리스에 해당된다. 따라서 비거리를 늘리기 위한 샷을 원한다면 반드시 올바른 릴리스가 이루어지게 해야 한다.

Lesson
효과적인 피니시를 위한 연습

피니시 전단계 연습

공이 떨어질 때까지 잘못된 피니시 자세를 취하고 있는 것은 효과가 전혀 없다. 좋은 피니시가 나올 수 있도록 하기 위해서는 피니시 전 단계 동작인 릴리스를 올바르게 수행하는 것이 무엇보다 중요하다.

특히, 스윙 시 왼팔이 빠지는 것은 멀리 치는 연습을 많이 한 경우 종종 일어난다. 따라서 자연스러운 릴리스를 유도하기 위해서는 힘을 빼고 짧은 거리를 가볍게 치는 연습을 많이 하는 것이 좋다. 또한, 똑바로 서서 클럽을 거꾸로 쥐고 스윙하는 것도 도움이 된다.

피니시 하체동작

피니시 하체 동작 연습하기

실제 볼을 치는 동작을 하체만으로 해본다. 두 손을 허리에 놓고 임팩트 자세와 피니시 자세를 취한다. 오른발의 위치를 확인하고 강한 임팩트를 위한 구름의 기능에 대해 이해한다.

피니시 상체 동작 연습하기

채를 수평으로 들고 릴리스 동작을 정확히 한다. 팔로우 후 피니시 자세를 취하고 약 3초간 자세를 풀지 않는다. 하체의 동작과 릴리스가 잘 수행되었을 때 이루어지는 피니시 동작에 대한 느낌을 체험한다. 릴리스가 되지 않으면 몸이 따라간다. 하지만 릴리스가 잘 되면 가슴은 나중에 자연스럽게 따라간다.

피니시 상체동작

10 임팩트,
어드레스를 재연하지 마라

임팩트Impact란 백스윙과 다운스윙을 거쳐 클럽을 공에 스퀘어하게 위치시키는 것이다. 지금까지 앞에서 설명한 많은 것들은 좋은 임팩트를 찾아가기 위한(부수적인) 설명이었다고 할 수 있다.

임팩트는 약 1,000분에 1초 만에 이루어지는 동작이다. 그러나 스윙의 결과에는 엄청나게 큰 영향을 미친다. 따라서 이러한 특성을 가진 임팩트 구간을(나는) 나비효과 존Butterfly effect zone* 이라고 한다. 임팩트가 찰나에 만들어지는 동작인 만큼 선·후 동작 과정이 중요하며 이 구간에서 인위적으로 만들어 내는 동작이 아니라 전체적인 스윙 속에서 자연스럽게 이루어지게 해야 한다.

어드레스와 임팩트 순간에 변하는 동작과 변하지 않는 동작을 구분해서 살펴보면 다음과 같다.

힙과 어깨 방향은 임팩트가 이루어지는 순간 어드레스 때 보다 더 많이 오픈되는 것을 알 수 있다. 그리고 오른쪽 무릎이 왼쪽으로 이동되었고 양손은 셋업 때보다 위로 올라갔으며(팔이 가장 길게 펴져 있는 상태가 됨), 오른쪽 어깨 기울기는 셋업 때 보다 낮아져 있다. 지면에서 떨어져 있는 클럽의 토우 부분이 작아졌으며, 지면과 채의 리딩웨지 밀착도가 높아졌다. 결국, 하체가 리드 된 체중이동과 원심력에 의해 많은 부분에서 몸의 변화가 생겼으며 이러한 임팩트의 자세는 어드레스와 완전히 다른 자세가 된다.

그럼에도 머리 위치와 더불어 채를 볼에 스퀘어하게 위치시키는 것과 척주 각 그리고 지면을 향하고 있는 가슴 위치는 어드레스 때와 동일하다. 따라서 임팩트는 이런 측면에서 어드레스의 재연이라고 할 수 있다.

임팩트 존에서의 어깨의 위치는 볼의 방향에 매우 큰 영향을 준

---

* 나비효과 : 어떤 일이 시작될 때 있었던 아주 작은 변화가 결과에서는 매우 큰 차이를 만들 수 있다는 이론. 미국의 기상학자 에드워드 로렌츠(Lorentz, E.)가 주장한 것으로, 브라질에 있는 나비의 날갯짓이 미국 텍사스에 토네이도를 발생시킬 수도 있다는 이론이다.

어드레스 앞

임팩트 앞

어드레스 옆

임팩트 옆

다. 임팩트 때 어깨를 목표 라인과 스퀘어하게 놓는 것은 훅성 구질을 만들게 되며 이러한 구질을 교정하기 위해서 스윙 궤도를 in to out으로 수정하게 된다. 그러나 이러한 과정이 지나치게 되면 악성 훅 때문에 입스yips*를 가져올 수도 있다. 결국, 임팩트 때 상체를 목표라인과 스퀘어하게 만드는 것은 훅성 구질을 연습하는 것과 같으며 이를 수정하기 위해 문제가 없는 스윙 궤도까지 변화를 가져오게 할 수 있다.

임팩트 때 상체는 왼쪽 벽이 단단하게 버티어준 상태에서 어드레스 때보다 더 많이 오픈 되어야 한다. 이것이 상체 움직임의 폭을 줄일 수 있는 훨씬 더 안정적이며 자연스러운 자세이다. 임팩트 때 상체가 더 많이 오픈 되더라도 클럽 헤드를 볼에 스퀘어하게 맞추는 것은 샤프트의 로딩Loading** 현상 때문에 별문제가 되지 않는다.

위와 같은 자세의 임팩트 동작은 셋업, 백스윙과 다운스윙, 릴리스, 트렌지션Transition, 밸런스와 리듬, 템포, 타이밍, 체중이동, 앵글오버 어프로치, 척주 각 등에 의해 영향을 받으며 거리와

---

* 입스yips : 스윙을 하면서 실패에 대한 두려움으로 호흡이 빨라지고 손에 가벼운 경련이 생기거나 몹시 불안해하는 증세
** 로딩(Loading) 현상 : 임팩트 때 샤프트가 휘어지면서 헤드가 닫혀서 들어오는 것

방향성을 결정하기 때문에 좋은 임팩트를 만들기 위해 부단한 노력이 필요하다.

첫째, 공을 스윗 스팟에 정확하게 맞추어야 한다. 좋은 임팩트를 위한 다른 요소들이 아무리 잘 수행되더라도 공을 스윗 스팟에 맞추지 못하면 아무런 의미가 없다. 이를 위해서 우선 연습을 많이 해야 하고 스윙을 하면서 척주 각이 변하지 않도록 연습하는 습관을 갖는 것이 중요하다.

둘째, 스윙이 다운블로가 되어야 한다.
다운스윙 시, 체중이동이 선행되고 손목이 풀리지 않도록 주의해야 한다. 이를 위해서는 올바른 셋업과 회전이 이루어져야 한다.

셋째, 클럽헤드의 스피드가 높아야 한다.
임팩트가 이루어질 때, 힘을 주는 것보다는 다운스윙 시 하체가 리드 된 자연스러운 가속력으로 헤드 스피드를 내는 것이 좋다.

넷째, 릴리스가 잘 되어야 한다.
좋은 임팩트를 만들어 내는 것은 임팩트가 이루어지기 전에 이미 이루어진 동작에서 결정된다. 임팩트 앞뒤의 스윙 요소는 릴리스이다. 이러한 릴리스는 긴 채에서 더 잘 지켜져야 한다.

결국, 좋은 임팩트를 만들기 위해서는 이러한 요소들이 스윙 과정에서 조화롭게 이루어져야 한다. 좋은 임팩트를 만들기 위한 조건들이 완성되었다면 임팩트를 강하게 하기 위해서 구심력과 원심력의 원리를 활용하면서 임팩트 존을 짧게 가져갈 필요가 있다. 타깃 방향으로 채가 다이내믹하게 진행되고 있는데 골퍼의 몸도 같은 방향으로 따라가면서 볼을 히트한다면 그 힘은 감소할 것이다. 그러나 골퍼의 몸을 정지시키거나 채가 진행하고 있는 방향과 반대 방향으로 향하게 한다면 볼에 가해지는 충격은 증가할 것이다. 이것은 마치 자동차가 정면으로 충돌하는 효과와 같다.

머리를 고정하고 왼쪽 벽을 단단히 만들어 우리 몸을 정지시키거나 반대 방향으로 만들어 준다면 당연히 임팩트 존은 짧아질 수밖에 없다. 물론 이때 거리는 늘어나게 된다. 그러나 시니어나 하체가 약한 사람, 스피드가 너무 강한 사람은 신체가 손상될 수도 있으므로 지나치게 반작용을 사용하는 것은 주의해야 한다.

그렇다면 임팩트 존의 크기는 어느 정도가 적당한 것일까? 풀스윙을 할 때 골퍼의 자세는, 임팩트를 기준으로 대칭이 이루어져야 한다. 임팩트 존의 최대 크기는 테이크 어웨이의 길이만큼이면 적당하다. 따라서 임팩트 존을 길게 가져가라는 의미는 채가 볼에 스퀘어가 된 상태에서 길게 가져가라는 의미라기보다는 테이크 어웨이의 길이만큼 대칭 형태로 임팩트 구간을 만들어 주라는 의미이다. 만약, 임팩트 후 릴리스가 진행되지 않고 임팩트 구간을 너무 길게 가져가게 되면 릴리스의 중심은 배꼽이며 그립의 위치가 몸통 안에 있어야 한다는 원리에서 벗어나게 된다.

Lesson

임팩트를 개선하는 연습

골프 스윙에서 임팩트는 골퍼가 공을 보내고자 하는 방향과 거리를 확보할 수 있는 요소이기 때문에 정확하고 일관된 임팩트 자세를 만들기 위한 다양한 연습이 필요하다.

임팩트 지점에 공 던지기

어드레스 자세를 취하고 왼손은 뒤쪽 허리에 놓고 오른손으로는 골프공을 잡고 임팩트 지점에 공을 던진다.

힘의 분배에 대해 이해한다. 짧은 구간에서 힘을 어떻게 효과있게 전달할 것인가가 임팩트의 가장 중요한 목적이다. 이런 목적을 달성하기 위해 가장 효과적인 방법은 클럽 스피드를 증가시키는 것이다. 클럽 스피드를 증가시키기 위해서 백스윙 탑에서 절대로 힘을 주어서는 안 된다. 공을 던질 때 탑 위치에서 공을 힘주어 꽉 쥐는 사람은 없다. 마찬가지로 클럽을 쥐었을 때도 이렇게 힘을 분배해야 한다.

임팩트 가방 활용하기

임팩트 가방을 놓고 천천히 회전하며 힘을 빼고 임팩트 백을 툭툭 가볍게 친다. 힙의 회전과 임팩트 포지션에 대한 느낌을 이해한다.

90° 회전해서 스윙하기

어드레스를 취한 후 채는 그대로 두고 두 발을 오른쪽으로 90° 회전한다. 시선은 어드레스 때 볼의 위치를 보고 백스윙 한다.

이 자세에서 가볍게 스윙한다. 임팩트의 자세에서 가슴이 심하게 돌아가지 않는 상태에서 릴리스됨을 체득한다. 또한 이러한 연습방법은 팔이 올라가는 길과 내려오는 길을 이해할 수 있음으로 스윙 궤도를 잡는 것만 아니라 오버스윙 방지에도 효과적이다.

Tip 골프도 타악이다

북을 칠 때. 어떤 채로 북의 어떤 위치를 어느 만큼의 거리에서 얼마만큼의 속도로 치느냐에 따라 소리는 달라진다. 이러한 물리적인 것 외에 연주자의 감성이 추가되면 소리의 질이 좋아지며 음감은 확연하게 바뀐다.

골프 스윙도 마찬가지이다.
어떤 셋업의 자세에서 어떤 방법으로 볼을 치느냐에 따라 임팩트는 달라진다. 공을 치는 순간 골프의 심상이 더해지면 스윙의 질은 더욱 향상된다.

*심상 : 환경에 대한 내외적인 주의 집중과 볼이 날아가서 멈출 때까지 골퍼가 동원할 수 있는 모든 상상의 것

11 템포,
　　리듬을 살려 조화롭게 하라

템포Tempo는 스윙을 하는데 소요되는 시간이다. 즉, 스윙의 빠름과 느림의 정도를 나타낸다. 이러한 것은 주관적이며 정형화되어 있는 것은 아니다.

알 가이버거Al Geiberger는 그의 저서 『Tempo』에서 "템포는 스윙의 스피드로써, 스윙을 하나로 연결시켜 주며, 볼을 타격하기 위하여 필수적인 타이밍을 만들어 주는 것"이라고 했다. 박원 프로는 타이밍Timing을 임팩트 순간 완벽한 위치에 클럽을 가져다 놓기 위해 신체 각 부위가 어떻게 움직여야 하는지를 순차적인 개념으로 정의했으며 리듬Rhythm은 움직이는 조화 속에서 일정하게 반복되는 패턴이라고 했다.

아마추어 골퍼들은 '스윙 템포가 빠르데요! 지금보다 느리게 했으면 좋겠어요!' 라는 말을 들으면 당황하고 혼란스러워한다. 도대체 왜, 스윙을 느리게 해야 하지? 느리게 해야 한다면 어느 정도 스윙을 느리게 해야 하는지 답을 알 수 없기 때문이다.

스윙이 빠르다면 팔로만 스윙을 하고 있을 확률이 높다. 팔로만 하는 스윙은 몸통, 힙, 하지의 큰 근육들이 힘을 사용할 시간적 여유가 없어진다. 이러한 문제는 스윙을 일관되게 유지하거나 공의 비행거리를 늘리는 데 나쁜 영향을 준다.

스윙을 느리게 해야 하는 이유를 운동단위 Motor units*에서 살펴보면 좀 더 구체적으로 알 수 있다. 스윙이 빠르게 되면 상대적으로 몸통, 힙, 하지보다 운동단위가 작은 팔 근육을 사용하기 때문에 스윙이 더 예민해진다. 따라서 스윙 하면서 하지를 사용하려면 백스윙에서 반드시 하지에 있는 운동단위가 반응할 시간적 여유를 주어야 한다. 이때 척추를 회전시키면서 하지에 있는 운동단위가 반응할 충분한 시간 여유는 만들어 주어야 한다. 백스윙이 다운스윙보다 느려야 하는 생리학적 이유가 여기에 있다.

*운동단위 Motor units : 하나의 운동신경이 지배하는 근 섬유의 수를 말하는 것으로 운동단위가 작을수록 반응은 더 예민하고 적은 힘을 발휘한다. 반대로 운동단위가 클수록 반응은 덜 예민하지만 큰 힘을 발휘한다.

선수들처럼 많은 운동량을 통해 운동학습Motor learning의 자동화 단계Autonomous stage로 넘어가게 되면 스윙 속도는 매우 빨라질 수 있으나 처음 스윙을 배우는 인지 단계Cognitive stage에서는 반드시 느린 스윙이 필요하다.

그렇다면 스윙을 느리게 한다는 것은 어느 정도가 되어야 할까? 어느 부분에서 느리게 해야 할까?

스윙은 빨라도 문제가 되지만 너무 느려도 문제가 된다. 너무 느리면 스윙 하면서 리듬을 탈 수 없다. 따라서 자연스럽게 리듬을 탈 수 있는 범위 내에서 느림이면 된다. 여기서 느림이라는 의미는 다운스윙 시작 부분에서 절대로 빠르면 안 된다는 의미를 포함하고 있다. 스윙은 다운스윙에서는 느려야 하고 임팩트로 갈수록 빨라져야 한다. 또한 어느 한 부분에서 스윙 속도를 급격하게 변화를 주는 것은 바람직하지 않다. 그것은 힘이 들어간다는 증거이다.

이런 의미에서 보면, 스윙은 아무리 느리게 해도 지나침이 없다는 바비 존스Bobby Jones의 말보다는 백스윙 탑에서 한 박자 쉬고 다운스윙을 하라는 토미 아머Tommy Armour의 말이 훨씬 더 매력적으로 다가온다.

스윙을 느리게 하기 위해서 먼저 스윙이 이루어지는 인체의 변화 순서를 살펴보자. 스윙은 팔 → 어깨 → 몸통 → 힙 → 하지 → 발바닥으로 진행된다. 이때 체중을 이동하면서 신체의 변화 움직임을 팔에서 느낀 느낌을 발바닥에서도 느껴야 한다. 이러한 느낌은 백스윙을 느리게 했을 때 더 빨리 감응할 수 있다. 또한 다운스윙에서 하지 근력이 사용될 시간적 여유가 생겼을 때 더 용이하게 느낄 수 있다. 이러한 시간적 여유를 확보하기 위해 테이크 어웨이를 천천히 하면서 힙의 턴을 선행해 줌으로써 어깨 턴을 충분히 유도해 주어야 한다.

스윙 템포에 관여하는 요소들을 살펴보자.

첫째, 그립의 강도가 강하면 스윙 템포가 빨라진다.
이때는 그립의 강도를 조금 약하게 잡아주면 스윙 템포를 줄일 수 있다. 반대로 그립을 느슨하게 쥐고 있으면서 스윙 템포가 느린 경우에는 그립 강도를 조금 강하게 잡아줌으로써 스윙 템포를 조금 빠르게 할 수 있다.

둘째, 거리에 대한 욕심은 백스윙 탑에서 시간적 여유를 확보하지 못한다. 이러한 스윙은 임팩트에서 최대 속도를 만들 수 없게 만들며 전체적인 스윙 템포를 빠르게 한다.

셋째, 스윙 시 갑작스러운 근육의 긴장은 스윙을 빠르게 해서 스윙 템포를 무너트릴 수 있다. 이런 경우에는 처음부터 클럽을 지면에서 띄워 Off The Grass 헤드의 무게를 느끼면서 백스윙을 하는 것이 좋다.

골프 스윙에서 부분 동작들, 어드레스ㆍ테이크 어웨이ㆍ백스윙 탑ㆍ임팩트ㆍ릴리스ㆍ피니시 등은 하나하나가 매우 중요하다. 이들을 하나의 조화로운 스윙으로 만들어 내는 것은 템포와 리듬이다. 따라서, 스윙의 부분 동작을 이해한 다음 전체를 연결했을 때는 반드시 템포와 리듬이 항상 일정하게 유지하는 것이 매우 중요하다. 또한 템포와 리듬은 긴 채로 갈수록 더 중요하다.

시간적인 측면에서 볼 때 백스윙이 다운스윙보다 느려야 한다. 투어프로의 경우, 백스윙과 다운스윙을 하면서 걸리는 시간 비율이 3 : 1로 나타났을 때 가장 좋은 스윙을 구사하는 것으로 나타났다. 이 비율은 점점 짧아지는 추세다. 박원 프로는 〈모델골프 아카데미〉에서 골프 스윙의 단계별 동작을 나무로 표현하면서 골프 스윙 중, 템포와 타이밍을 멋진 숲으로 만드는 화룡점정(畵龍點睛)이라고 했다.

템포, 타이밍, 리듬감이 잘 연습된 스윙은 척추의 리드 하에 움직임에 관여하는 운동학적 요소들(골반, 상체, 클럽 등)이 백스윙과 다운스윙에 어떤 움직임의 순서로 이루어질지 예측할 수 있으며 서로의 움직임에 협응해서 스윙 전체를 조화롭고 아름답게 만든다.

골프 스윙은 아주 많은 자세가 서로 유기적으로 연결되어 있다. 이러한 자세를 매끄럽게 연결하는 것이 템포이다. 템포야 말로 스윙을 마술로 만드는 핵심 요소이다.

Lesson

매끄러운 템포를 위한 연습

박절기를 이용한 스윙

박절기를 4박자에 맞추어 놓고 원, 투, 쓰리, 원의 리듬으로 스윙한다. 백스윙과 다운스윙의 이상적인 비율을 3 : 1로 놓고 연습한다. 즉, 백스윙은 원, 투, 쓰리에서 완성하고 다운스윙은 원으로 완성한다.

클럽을 반대로 잡고 에어 스윙

클럽 헤드 쪽을 오른손으로 잡고 스윙 한다. 이때 바람을 가르는 소리가 임팩트 이후에서 일정하게 나도록 연습한다. 이런 연습은 눈을 감고 하면 더욱더 효과적이다. 눈을 감고 스윙하면 헤드 무게를 쉽게 느낄 수 있으며, 이미지 샷을 만들기가 편리하다.

12 거리,
하체(골반)의 움직임을 점검하라

볼의 비거리가 나지 않으면서 클럽별 거리 차이가 나지 않는 경우가 있다. 긴 클럽일수록 이러한 현상은 더 뚜렷하게 나타난다. 심지어 아이언 7번부터 4번까지의 비거리가 동일한 골퍼도 간혹 있다. 짧은 클럽은 팔의 힘만으로도 어느 정도 거리에 볼을 보낼 수 있지만, 긴 클럽으로 스윙 하는 경우에는 거리를 내기 위한 조건이 충족되어야 각 클럽에 맞는 비거리를 확보할 수 있다.

따라서 긴 클럽으로 스윙 하면서 거리가 나지 않을 때는 반드시 아래 여섯 가지 내용을 점검해 보아야 한다.

첫째, 스윙 궤도가 In to in으로 이루어지고 있는가?

스윙 시, in to in 스윙 궤도를 권장하는 이유는 클럽의 속도를 내기가 유리하며 볼의 비행 거리를 늘리고 일관된 방향을 유지하는데 용이하기 때문이다. out to in으로 스윙하면 클럽이 열려 맞거나 닫혀 맞아 옆 회전이 많이 걸릴 뿐 아니라, 팔의 펴짐과 언 코킹이 부자연스러워 거리를 내는 데 필요한 정확한 임팩트 자세를 일관되게 유지하기 어렵다. 이러한 out to in 스윙의 원인을 어드레스, 백스윙, 회전에서 살펴보자.

어드레스에서는 ①발의 위치가 과도하게 열리거나 닫힌 경우, ②얼라이먼트가 목표보다 오른쪽을 에임했거나 잘못된 경우, ③그립을 너무 위크하게 잡은 경우 나타난다. 백스윙과 관련해서는 ①백스윙 시 헤드가 너무 안쪽으로 들어오는 경우와 ②백스윙 탑이 크로스 오버가 될 때 나타난다. 회전에서는 ①회전이 너무 작아 궤도 자체가 out에 있는 경우(p94 참조)가 있고, ②다운스윙 초기, 힘이 들어가 몸의 축이 왼쪽으로 너무 많이 움직인 경우(p94 참조)에 나타나며 ③다운스윙에서 하체(골반)가 스윙을 끌고 가지 못하고 상체가 끌고 가는 경우 즉, 운동학적 움직임의 순서(p38 참조)가 잘못된 경우에 나타난다.

이중, 어드레스와 백스윙에 문제가 없고, 회전을 매우 올바르게 했을 때 ③과같이 다운스윙에서 하체(골반)가 끌고 가지 못하고 상체가 끌고 가 나타나는 out to in 스윙에 대해 살펴보면 다음과 같다.

올바른 in to in의 스윙 궤도를 만들기 위해서는 다운스윙 시 힙이 바로 회전하지 않고 옆으로 약간 밀리면서 다운(척주 각의 변화는 없음) 되는 현상인, 범프$_{bump}$ 동작이 매우 중요하다. 3D 동작 분석 장비를 통해, 다운스윙 시 bump 동작 유무에 따른 상체 위치와 궤도를 쉽게 구분할 수 있다.

먼저, bump 동작 유무에 따른 골반의 앵글 각$_{pelvis\ bend}$을 그래프를 통해 살펴보면, 다운스윙 시 bump동작이 있을 경우 골반

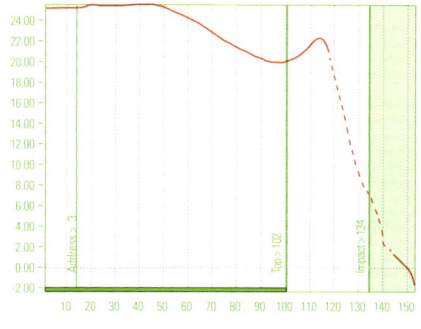
Bump 동작이 이루어진 경우

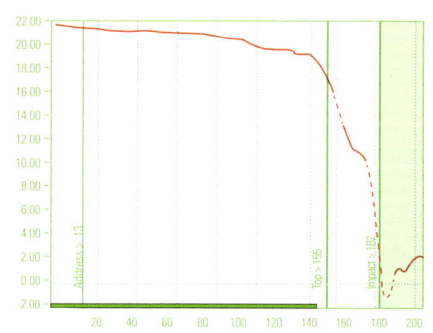
Bump 동작이 생략된 경우

의 앵글 각이 백스윙 탑으로 갈수록 작아지다가 다운스윙으로 전환하면서 앵글 각이 순간적으로 증가하는 현상이 나타난다.

하지만, bump 동작이 생략된 경우 다운스윙으로 전환할 때 골반의 앵글 각이 순간적으로 증가하는 현상이 나타나지 않는다.

bump 동작 유무에 따른 골반과 상체 위치를 3D 모형도를 통해 살펴보면, 올바른 bump동작이 나오기 위한 준비동작은 백스윙 탑에서 우측 골반 부분(side bend : -12)이 좌측 골반보다 높아야 한다. 탑에서 전환 시에 bump동작이 이루어지면 골반의 앵글 각이 19에서 21로 증가하고 우측 골반각이 -12에서 -8로 줄어든다.

Bump 동작이 이루어진 경우

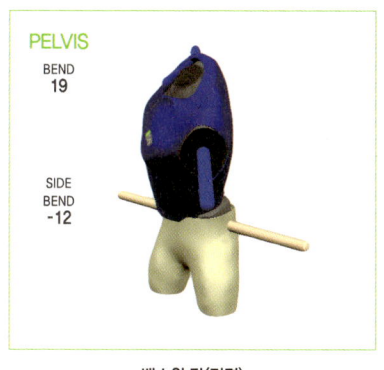
백스윙 탑(정면)

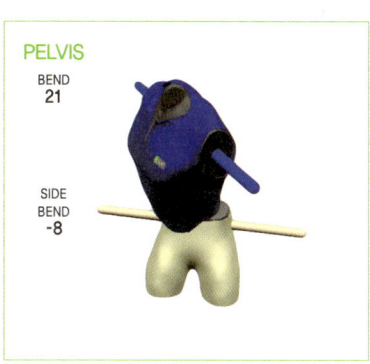
전환

PELVIS : 골반
  BEND : 골반의 앵글 각으로 서 있는 자세에서 골반이 앞으로 숙여질 경우 +값으로 표시됨.
  SIED BEND : 수평에서 변한 힙의 위치로 위쪽으로 올라가면 -값으로 내려가면 +값으로 표시됨.

하지만 bump 동작이 생략된 경우에는 골반의 앵글 각은 21에서 13으로 작아지고 우측 골반의 변화도 없다(-3→-3). 즉, bump 동작 없이 바로 회전만 하는 경우이다.

인체 뒷면에서 회전에 따른 골반의 움직임만을 비교해서 살펴보면 bump 동작과 회전 궤도를 더욱 쉽게 이해할 수 있다.

어드레스에서는 똑같이 앵글 각(25)만 자연스럽게 숙인 자세가 되지만 백스윙 탑에서는 오른쪽 힙 높이(-12:-3)가 확연하게 차이 난다. 다운스윙에서도 이러한 힙의 높이의 변화량(7:0)에서 차이가 나며 임팩트 시 힙의 턴(35:58)에서도 구별된다.

즉, bump 동작이 이루어지면 상체가 열리지 않으면서 오른손이 자

Bump 동작이 생략된 경우

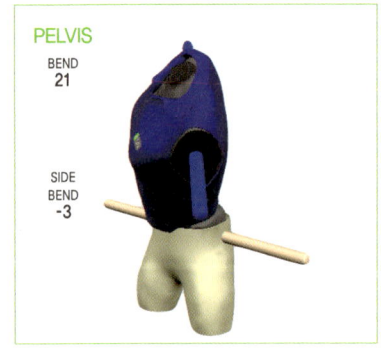

백스윙 탑(정면)

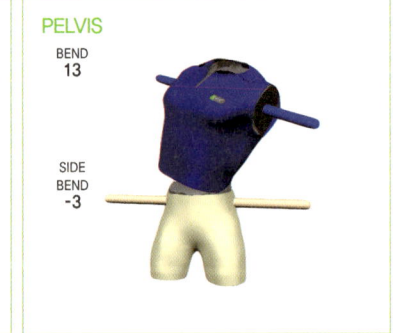

전환

연적으로 헤드가 이동해야 할 길Slot line로 떨어지게 된다. 이러한 동작은 인체 구조적으로 스윙 궤도를 in으로 시작하게끔 해주며 임팩트에서도 안정적인 자세를 만들어준다. 이러한 임팩트 자세는 범프 동작에 의한 지면 반력과 임팩트의 힘이 합쳐져서(p65 참조) 더 큰 힘을 만들어 낼뿐만 아니라 릴리스를 용이하게 만들어 비거리에 좋은 영향을 미친다(p123 참조). 하지만, bump 동작이 이루어지지 않는 경우에는 임팩트에서 골반의 턴이 훨씬 더 많이 돌아간다. 결국 이러한 골반의 움직임은 상체를 너무 빨리 오픈시켜 스윙 궤도를

Bump 동작이 이루어진 경우의 골반의 움직임

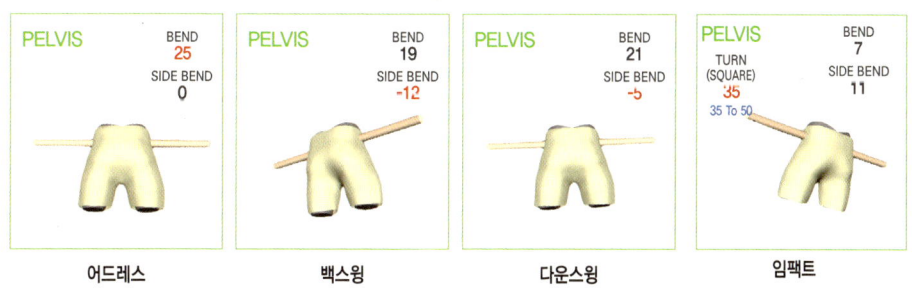

Bump 동작이 이루어지지 않은 경우의 골반의 움직임

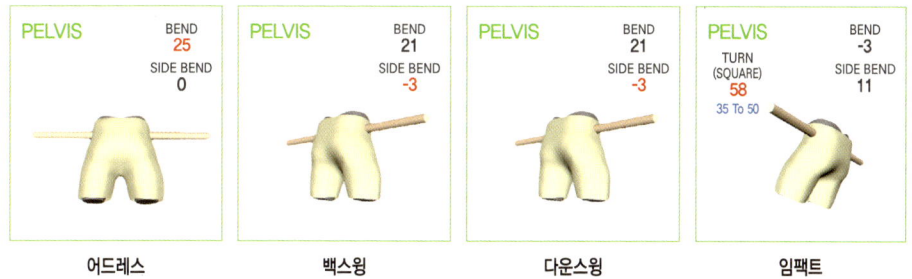

out to in으로 만든다.

결국 하체의 움직임이 궤도를 결정한다. 따라서 올바르게 회전한 경우에 나타나는 out to in의 궤도를 수정하기 위해선 상체가 아닌 하체의 움직임을 가장 먼저 점검해야 한다.

둘째, 올바른 움직임 순서에 따른 스피드

백스윙 시 어깨의 회전 각도와 허리의 회전 각도 사이의 차이(엑스벡터 값)가 아무리 크다 할지라도 다운스윙 시 힙, 상체, 팔, 클럽의 움직임 순서가 올바르지 않으면 무의미하다. 거리를 내기 위해서는 반드시 스윙 과정에서 힙, 상체, 팔, 클럽의 움직임 순서가 일정한 비율로 맞아떨어져야 한다(p38 참조).

또한, 거리를 내기 위해서는 이러한 순서를 지키면서 스윙 스피드도 좋아야 한다. 스피드는 임팩트 지점에서 가장 빨라야 하고 임팩트 이후에도 클럽이 거침없이 빠져나가야 한다.

셋째, 긴 클럽에 대한 거부감

충분한 연습량으로 긴 클럽에 대한 거부감을 없애야 한다. 평소 연습에서 긴 클럽을 자주 사용하지 않으면 억지로 스윙하고, 비거리가 나지 않으니까 공을 띄우기 위해 체중을 오른쪽에 두는 등 이상한 동작으로 스윙하여 스윙 자세까지 망쳐버린다. 충분한 연습으로 긴 클럽에 익숙해져 심리적인 안정감을 가져야 한다.

넷째, 몸에 힘

거리를 많이 내야 한다고 의식하면 몸에 힘이 들어가고 스윙 템포가 빨라진다. 스윙 템포가 빠르면 몸을 움직이는 순서도 비정상으로 이루어져서 비거리가 나오지 않게 된다. 특히, 볼을 멀리 보내기 위해 다운스윙 초기부터 상체가 공 쪽으로 가까워지면서 스윙 궤도가 out to in 이 되지 않게 주의해야 한다.

또한 몸(어깨)의 힘을 빼고(p75 참조) 채를 바닥에 던져야 한다(p69 참조). 채를 잡고 있으면 스윙에서 원심력을 최대로 이용할 수가 없다. 잔을 비워야 채울 수 있듯 힘을 빼야 헤드의 무게를 최대한 느낄 수 있고 파워를 낼 수 있다. 몸에 힘을 뺀다는 개념은 그립에 힘을 뺀다는 개념은 아니다. 그립은 견고하고 가능한 강하게 잡아야 한다. 그래야만 임팩트 시 안정적이며 릴리스에 유리하다.

다섯째, 어드레스

임팩트 때는 볼과 상체(가슴)를 최대한 멀리하면서 왼팔을 완전히 펴는 자세를 만들어야만 하고, 특히 이를 위해서는 몸과 볼과의 간격이 중요하며 이는 어드레스 때부터 점검해야 한다(p17 참조).

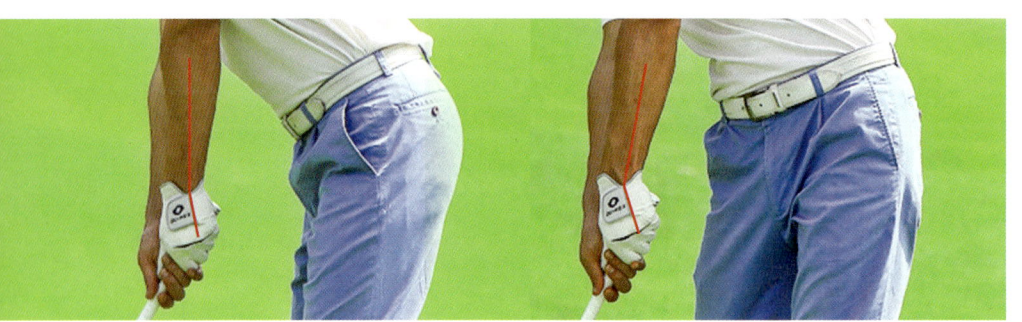

어드레스 　　　　　　　　　　 임팩트(언 코킹)

여섯째, 언 코킹

언 코킹을 올바로 하면서 볼을 다운블로로 치고 있는지 확인해야 한다. 특히 손목이 풀리게 되면 로프트 각도가 커지면서 거리가 줄 수 있다.

코킹Cocking은 테이크 백이 끝나는 시점에서 양 손목을 엄지손가락 방향으로 꺾어서 들어 올리는 백스윙 동작이다. 반대로 언 코킹Uncocking이란 다운스윙 때 꺾인 손목을 새끼손가락 방향으로 펴주는 동작이다. 스윙이 임팩트를 기준으로 대칭이듯이 언 코킹도 코킹과 대칭을 이룰 때 올바른 언 코킹을 할 수 있다. 올바른 언 코킹을 하면, 임팩트 시 팔을 최대로 펼 수 있으며 볼을 다운블로로 치기 쉬워진다. 이러한 자세를 유지하면 릴리스는 자연스럽게 이루어진다.

인체는 일정한 각도에서 완전히 팔을 폈을 때 가장 큰 파워를 낼 수 있다. 언 코킹도 팔을 완전히 펴기 위한 하나의 동작이다. 올바른 언 코킹은 볼의 비거리를 늘리는데 매우 효과적인 방법이다.

Lesson
회전 동작을 in to in 으로 하는 연습

in to in 궤도를 만들기 위해서는 다운스윙 시 골반의 움직임(Bump & Turn 동작)을 올바르게 해야 한다. 야구선수 중 골프에서 비거리가 뛰어난 포지션은 투수이다. 이들은 인체 움직임의 연결고리를 이해하고 잘 다룬다. 타자인 이승엽, 추신수 선수가 고등학교 때까지 투수였다는 것은 눈여겨 볼 만한 이력이다.

스텝 드릴 스윙하기

아래 그림처럼, 처음에는 체중이동을 위해 연습한다. 이러한 방법에 익숙해지면 스탠스 넓이를 줄이면서 스윙한다. 즉, 정상적인 스탠스보다 조금

작게 한 다음 정상적인 스텐스 넓이를 만들면서 스윙 한다. 이러한 연습은 지면반력을 이용하기가 용이하며 하체를 쓰는 타이밍을 개선하고 다운스윙 시 자연스러운 범핑Bumping 동작을 만드는데 도움이 된다.

탱탱 볼을 골반에 끼우고 회전하기

탱탱볼을 그림과 같이 벽면을 이용해 골반에 끼우고 회전한다. 범프 동작에 따른 골반의 움직임을 이해한다. 백스윙 탑에서 전환시 범프 동작이 일어나지 않고 회전만 할 경우 공이 바닥에 떨어지게 된다.
범프 동작을 위해서는 오른발이 너무 일찍 떨어지지 않도록 주의해서 연습해야 한다.

3장
타수를 줄이는 숏 게임과 트러블 샷

퍼팅, 꼭 넣고 말거야 01
벙커 샷, 함부로 다가오지 마세요 02
어프로치 샷, 가까이 다가가고 싶다 03

성공확률이 높은 칩 샷_
자신만의 거리감을, 피치 샷_

트러블 샷, 다음을 위한 최선의 선택 04

왼발이 오른발보다 높은 Up Hill_
왼발이 오른발보다 낮은 Down Slope_
볼의 위치가 양 발보다 높은 Ball Above Feet_
볼의 위치가 양 발보다 낮은 Ball Below Feet_

01 퍼팅,
꼭 넣고 말거야

숏 게임은 일반적으로 100야드 이내의 그린 근처에서 가장 적은 타로 볼을 홀에 넣을 수 있도록 행하는 모든 종류의 샷을 포함한 플레이를 말한다. 퍼팅, 벙커 샷, 칩 샷, 피치 샷 등이 있으며 정확성이 우선이다.

골프게임 전체에서 차지하는 타수의 비율이 매우 높아 스코어를 줄이기 위해서 숏 게임에 관련된 기본기를 정확하게 배우고 몸에 익혀야 하며 이 부분에 대한 투자를 아끼지 말아야 한다. 샘 스니드Sam Snead는 '골프의 60%는 핀에서 100야드 이내에서 결정된다'고 했다.

퍼팅은 108mm의 홀에 42.67mm의 볼을 넣는 것이다. 여기에는 어떤 특별한 법칙이 없으며 골퍼의 기호에 따라 선택하고 적용하면 된다. 어떤 상황에 대처하는 나만의 퍼팅 기준과 감각으로 이어질 수 있는 충분한 연습이 있어야 한다. 일반적으로 공의 위치는 왼쪽 눈 아래 두고 체중은 왼쪽에 두는 것이 좋다. 퍼터가 볼을 최저지점에서 컨택Contact 할 수 있기 때문이다.

시선은 헤드업 방지를 위해 스트로크 후 볼이 홀에 도달할 때까지 공이 있던 자리에서 시선을 떼지 말아야 한다. 또한 스트로크 시 되도록 손목을 사용하지 않는 것이 좋다. 작은 근육으로 형성된 손목을 사용하면 정확성이 떨어진다. 복근 또는 가슴의 큰 근육을 사용한다는 기분으로 스트로크 한다. 그러나 먼 거리에서 퍼팅 해야 할 경우에는 손목을 약간 사용해도 괜찮다.

짧은 거리는 헤드가 홀에 일직선으로 움직인다는 느낌으로 스트로크 하고 롱 퍼터일 경우에는 약간 인사이드 궤도를 그린다는 느낌으로 스트로크 한다. 시계추가 움직이는 원리를 생각하면서 항상 일정한 리듬을 유지하는 것이 좋다.

"드라이버는 쇼이고 퍼팅은 돈이다you drive for show, but puff for dough"라고 한 바비 로크Bobby Lock의 말은 아직도 골프 역사상 가장 유명한 금언이다.

Lesson
퍼팅을 개선하는 연습

홀 컵에 헤드 넣기

퍼팅은 어떤 자세, 어떤 모양의 채를 선택하든 가장 중요한 것은 퍼터를 볼에 스퀘어하게 맞추는 일이다. 홀 컵에서 30cm 정도 떨어진 곳에 볼을 놓고 홀 컵에 채를 집어넣는다는 느낌으로 스트로크 한다. 이러한 연습은 정확성을 향상한다.

롱 퍼팅에 대한 나만의 기준 만들기

그린에 볼을 올렸을지라도 퍼팅 거리가 많이 남았을 경우, 3퍼터를 하지 않는 전략이 요구된다. 가령, 볼이 홀에서 10m 이상 떨어져 있을 때 볼을 1m 내로 붙일 수 있는 나만의 스윙 크기와 속도의 기준을 만들어야 한다.

3장. 타수를 줄이는 숏 게임과 트러블 샷 161

예를 들어 오른발을 기준으로 해서 백스윙의 크기를 만든다. 퍼팅을 하기 위해 백스윙을 하면서 퍼터 헤드가 오른발 중앙에 왔을 때는 5m를 보내고, 여기에서 클럽 헤드 길이만큼 더 갔을 때는 10m를 보낸다는 기준이 필요하다. 이러한 연습은 거리감을 인지하는데 도움이 된다.

롱 퍼트는 평소 골퍼의 걸음 수(10걸음, 15걸음, 20걸음 등)에 따라 거리를 환산하고 그린 주변의 다양한 상황에 따라 퍼팅하는 감각을 익힌다면

홀을 공략하기가 쉬워질 것이다. 숏 퍼트의 비결이 자신감과 용기라면 롱 퍼트의 비결은 퍼팅 연습을 통한 거리감을 몸에 익히는 것이다.

바비 존스가 '많은 젊은이들이 드라이버 치는 기분에 살고 있다. 그러나 인생의 스코어는 짧고 섬세한 퍼팅이 만든다.' 라고 한 말을 골퍼는 되새겨 볼 필요가 있다.

오른손으로만 스트로크 하기

한 손으로 퍼팅하는 연습을 하면 퍼터 헤드의 무게를 느끼기가 더 쉽다. 오른손으로 어드레스 후 스트로크 한다. 일반적으로 왼손보다 오른손이 헤드의 무게감과 거리감을 느끼기에 더 예민하다.

홀을 보고 스트로크 하기

셋업 후 볼을 보지 않고 홀을 보면서 스트로크 한다. 이러한 연습은 스트로크를 할 때 복근, 어깨, 가슴이 어떻게 움직이는지 느낌을 갖게 되고 자신의 스트로크에 대한 믿음을 향상한다.

눈을 감은 채로 스트로크 하기

셋업 후 심호흡을 하고 눈을 감고 스트로크 한다. 긴장하게 되면 노르아드레날린이라는 호르몬 분비가 많아져서 부드러운 템포의 스트로크를 방해한다. 이러한 연습은 생각을 단순화시키고 경직된 몸을 풀어주는 데 도움이 된다.

이러한 과정을 충실하게 연습한 후에는 필드에서 퍼팅라인 읽기를 학습해야 한다. 퍼팅라인을 읽기 위해서 주의 집중을 높이기 위한 세심한 단계적 접근이 요구된다.

첫째, 그린에 볼을 올려놓고 페어웨이를 걸어가면서 그린의 전체적인 경사도를 체크한다. 그린 주위의 산과 능선 그리고 연못이나 배수로의 위치를 살펴서 그린의 높은 지점과 낮은 지점을 확인한다.

둘째, 그린에 올라가서는 그린 전체를 보면서 경사도를 확인한다.

셋째, 볼과 홀 컵 사이에 존재하는 작은 경사를 확인한다. 이러한 경사도 확인은 시야에 들어오는 정보량을 적게 하고서 낮은 지점에서 확인하는 것이 좋다.

위와 같은 내용을 종합해서 판단하고 난 후, 연습 그린과 본 그린에서 볼이 구르는 속도가 어떤 차이가 있는지를 이해하고 잔디 종류나 잔디 결에 따라서 볼이 어떻게 구르는지를 읽어내야 한다. 그리고 날씨에 따른 습도와 건조 상태를 고려해서 볼을 보내야 할 거리에 따라 퍼팅 스타일(때리는 퍼팅, 태우는 퍼팅)도 결정한다.

02 벙커 샷, 함부로 다가오지 마세요

벙커 샷은 모래 위에 있는 볼을 치는 것으로 페어웨이 벙커 샷과 그린 벙커 샷이 있다. 티 샷이나 페어웨이 샷보다는 어려운 환경에서 샷을 해야 하므로 셋업에 대한 이해가 매우 중요하다.

그린 벙커 샷

그린 벙커 샷은 보내고자 하는 방향을 기준으로 해서 왼쪽 발의 스탠스와 클럽 페이스는 반대로 위치시켜야 한다. 즉, 보내고자 하는 볼의 방향이 12시 방향이면 왼쪽 발은 11시 방향으로, 클럽 페이스는 1시 방향을 향하도록 한다. 그 이유는 11시 방향과 1시 방향으로 가는 힘의 합은 12시 방향이 되기 때문이다. 또

3장. 타수를 줄이는 숏 게임과 트러블 샷   169

한, 클럽 페이스를 1시 방향으로 오픈하는 것은 로프트 각도를 더 크게 만들어 주어서 벙커 탈출을 쉽게 해 준다. 이런 셋업에서는 스윙 궤도는 자연스럽게 out in이 된다.

클럽 페이스를 오픈할 때는 반드시 헤드를 오픈한 상태에서 그립을 취해야 한다. 체중 이동을 하지 않을 때는 미리 임팩트를 만들어 놓기 위해 왼발을 오픈한다. 왼발을 오픈하게 되면 임팩트 자세처럼 자연스럽게 힙이 오픈된다. 이러한 자세는 스윙의 전체적인 움직임을 자연스럽게 연결해주며 스윙 시 몸의 움직임을 최소화한다. 체중은 자연스럽게 왼쪽에 놓이게 된다.

에그 플라이

에그 플라이는 볼이 모래 위에 있지 않고 모래에 박혀 있을 때는 정상적인 스탠스에서 클럽 면을 볼과 스퀘어하게 맞추면 찍어 치는 스윙을 하기에 용이하다.

벙커 샷의 거리계산

목표 방향 12시를 기준으로 해서 채를 1시 방향으로 열 경우 볼을 보낼 수 있는 거리는 페어웨이에서 2배 정도 보낼 수 있는 샷을 한다. 벙커에서 즉, 10m 정도 볼을 보내야 하는 경우에는

20m 정도 보낼 수 있는 어프로치 샷을 한다.

특히, 먼 거리의 경우는 볼을 정확하게 컨택하기가 쉽지 않고, 풀스윙이 어렵기 때문에 두 클럽 정도를 더해서 계산하는 것이 좋다. 또한 페어웨이 벙커 샷은 몸의 높이를 일정하게 유지하면서 스윙 하는 것이 무엇보다도 중요하다. 그 기준을 얼굴 턱으로 잡아주면 편리하다.

샌드웨지Sand wedge*를 최초로 개발한 진 사라젠Gene Sarazen은 "벙커 샷에서 중요한 것은 작은 기술을 외우는 것이 아니라 샷을 과감하게 실행하는 용기"라고 했다. 이처럼 벙크 샷에서는 자신의 스윙을 믿고 과감하게 실행하는 용기가 필요하다.

* 샌드웨지의 유래 : 본명은 Eugene Saraceni(1902. 2. 27 ~ 1999. 5. 13)
진은 메이저 대회 7승, 그랜드슬램 달성은 물론, 세계 골프계의 역사를 바꾼 개척자이자 발명가였다.
진은 비행기가 이륙할 때 꼬리 날개의 지느러미 같은 핀이 먼저 내려가서 비행기가 떠오르게 하는 것에 영감을 얻어 1931년 골프채 니블릭(9번 아이언) 해드 뒷면의 뭉툭하게 튀어나온 아랫부분인 플랜지에 납을 용접하여 두껍게 만들었다. 그러자 해드 뒤쪽의 플랜지가 먼저 모래 속으로 얇게 들어가고 앞의 리딩 웨지는 볼 뒷면의 모래를 퍼 올려 볼이 자연스럽게 공중으로 떠올랐다.
이듬해 1932년 진은 이 비밀 병기로 영국 브리티시오픈과 미국 US오픈을 잇달아 석권했다. 골프계를 발칵 뒤집은 이 발명품은 '샌드웨지' 라는 이름으로 윌슨사에 의해 상품화 되었고, 이후 너도나도 샌드웨지로 벙커샷을 하기 시작했다.

03 어프로치 샷,
가까이 다가가고 싶다

어프로치 샷은 칩 샷Chip shot, 피치 샷Pitch shot, 플럽 샷Flop shot을 통칭해서 지칭한다. 어프로지 샷을 하는 목적은 그린 주변에서 볼을 홀 가까이에 붙이는 것이다. 띄워서 보내는 것보다는 가능한 한 굴려서 보내는 것이 안정적이다.

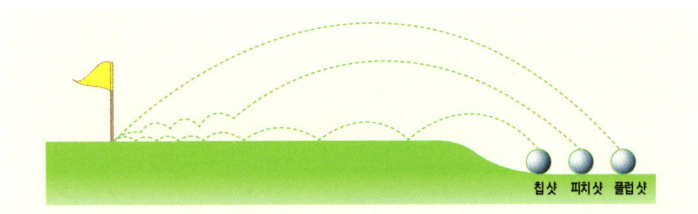

완성된 피치 샷 셋업

볼을 처음 친 지점에서 공이 떠서 날아간 지점(캐리)보다 구르는 거리가 더 많은 샷을 칩 샷이라 하고 반대로 구르는 부분보다 볼이 날아간 거리가 더 많은 샷을 피치 샷이라고 한다. 플럽 샷(로브 샷)은 볼을 높게 띄워서 그린에 안착한 후 바로 정지시키는 샷을 말한다. 이들 세 가지 샷을 위한 셋업의 원리는 같으며 다만 공의 위치만 달라질 뿐이다.

완성된 칩 샷 셋업   완성된 플럽 샷 셋업

피치 샷은 볼을 중앙에 놓고, 왼발을 약 2cm 정도 뒤로 빼서, 왼발을 오픈하면 셋업이 완성된다. 이러한 상태에서 볼의 위치만 바뀌게 되면 칩샷과 플럽 샷을 위한 셋업이 된다. 즉 칩 샷은 공이 오른쪽에 플럽 샷은 왼쪽에 위치하게 된다. 플럽 샷의 경우는 헤드를 오픈한다.

성공확률이 높은 칩 샷

칩 샷은 피치 샷이나 플럽 샷보다 성공확률이 높으며 아마추어들에게 가장 권장되는 샷이다. 샌드웨지sw나 피칭웨지pw보다는 가능한 한 미들 아이언을 사용하는 것이 좋다. 퍼팅으로 스트로크하듯, 백스윙의 크기로 거리를 조절할 수 있기 때문이다.

공식에 의한 클럽 선택

필드에 자주 나가지 못하는 골퍼는 감각에 의존하는 것보다는 아래와 같은 공식에 의존해서 골프채를 선택하는 것이 오차를 줄일 수 있는 좋은 방법의 하나이다.

만약 현재 볼이 있는 지점에서 낙하지점까지의 거리가 2m이고, 낙하지점에서 홀까지의 거리가 6m라면 그 거리는 3배가 된다. 이때, 고유번호 12에서 3을 빼면 9가 된다. 따라서 9번 아이언을 사용해서 낙하지점 2m까지만 볼을 보내면 된다.

- 공식 : 12(고유번호) - 낙하지점에서 홀까지의 거리(배)

  예) 12(고유번호) - 3배 = 9번 아이언 사용

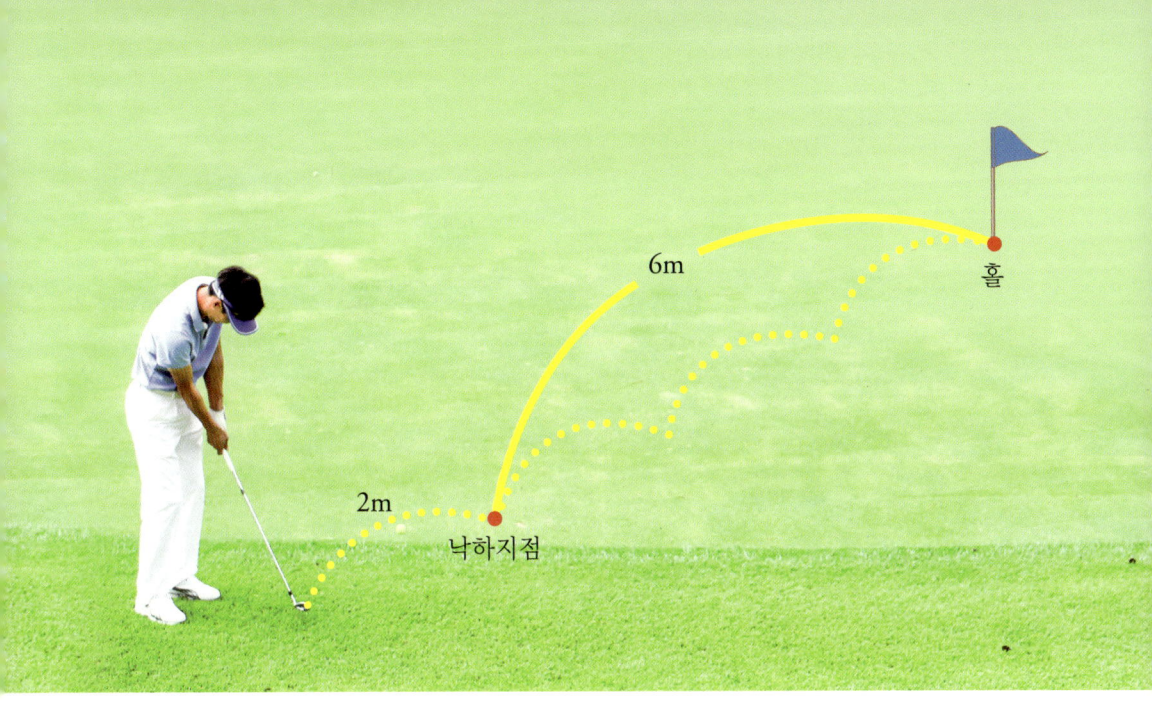

 이때 주의할 점은 반드시 공이 떨어지는 낙하지점만을 주목해야 한다. 그 이유는 낙하지점이 목표지점Aim spot의 역할을 하기 때문이다. 또한 백스윙이 빨라지는 것을 막기 위해서는 그립의 강도는 헤드 무게를 느낄 만큼 가볍게 잡아야만 한다.

 위와 같은 공식은 평지에서 적용된 공식으로 오르막이나 내리막 에서는 핸드 퍼스트 정도로 로프트 각을 조절해 적용하면 된다. 이러한 방법은 다양한 클럽을 사용할 수 있기 때문에 백스윙의 크기를 줄일 수 있는 장점이 있다.

 칩 샷에서 왼발에 체중을 두는 이유는 체중이 왼쪽에 있을 때 볼에 힘을 실어줄 수 있기 때문이다. 스탠스를 오픈하는 이유는 백스윙 시 채가 인사이드로 돌아가는 것을 막고 미리 임팩트를 만들어 주는 자세를 취해 줄 수 있기 때문이다. 또한 스탠스를 평상시보다 좁게 서는 이유는 매우 작은 스윙으로 중심이동이 필요 없고 좁은 스탠스는 타점을 더 쉽게 만들어 주기 때문이다.

자신만의 거리감을, 피치 샷

풀스윙의 축소판으로 스윙의 크기에 따른 자신만의 거리감을 익히도록 하며 팔로우 쓰로우는 충분히 해준다. 또한 다운스윙 시 부드럽게 가속을 해준다. 그래야만 볼 주위의 장애물을 극복할 수 있다. 거리 조절은 스윙의 크기와 힘의 세기로 조절한다.

30m

백스윙의 크기

시계 모양에 많이 비유되며 각각의 클럽(샌드, 어프로치, 피칭) 스윙 크기에 따른 자신만의 거리를 연습, 확인해 두는 것이 좋다.

아래 그림은 샌드웨지의 예를 든 경우이다. 백스윙 시 손목의 위치가 허리에 왔을 경우에는 30m, 가슴에 왔을 땐 50m, 그리고 어깨높이까지 왔을 때는 70m 보낸다. 30m, 50m에서는 오픈 스탠스를 취하고 70m에서는 오픈 스탠스를 취하지 않는다.

임팩트의 세기

동일한 클럽으로 백스윙의 크기를 동일하게 하면서 임팩트가 이루어지는 순간 힘의 세기로 거리를 조절한다.

04 트러블 샷,
　　다음을 위한 최선의 선택

경사지에서의 샷은 왼발이 오른발보다 높은 상황Uphill, 왼발이 오른발보다 낮은 상황Downhill, 볼의 위치가 양 발보다 높을 때Ball above feet, 볼의 위치가 양 발보다 낮을 때Ball below feet처럼 크게 4가지로 나타난다.

트러블 샷을 하는 경우, 공은 경사 방향으로 날아가게 되므로 라이에 맞게 셋업을 해야 하고 평지와 다르게 에임을 조절해야 한다.

왼발이 오른발보다 높은 Uphill

양어깨를 경사면과 수평 되게 어드레스를 잡아 몸의 중심축이 지면과 수직이 되게 만든다. 이때 몸의 무게중심은 오른발 즉, 낮은 쪽에 두며 공은 중앙 또는 우측에 둔다. 스탠스는 평지보다 약간 넓게 하고 오픈 스탠스를 취한다.

오픈 스탠스는 중력이 아래 방향으로 향하고 있기 때문에 피니

A : 평지
B : 왼발이 오른발보다 높은 상황

시를 편하게 하는데 도움을 준다. 무엇보다도 중요한 것은 체중이동은 최대한 적게, 거의 하지 않아야 하며 상체 위주로 샷을 간결하게 해야 한다.

동일한 클럽으로 샷을 하더라도 평지에서보다 공이 높게 떠 비거리가 짧아진다. 따라서 평지보다 한 두 클럽 길게 잡는다. 또한 체중이동을 할 수 없기 때문에 채가 많이 돌아간다. 즉, 훅 구질이 난다. 따라서 목표 방향보다 오른쪽으로 조준한다.

왼발이 오른발보다 낮은 Downhill

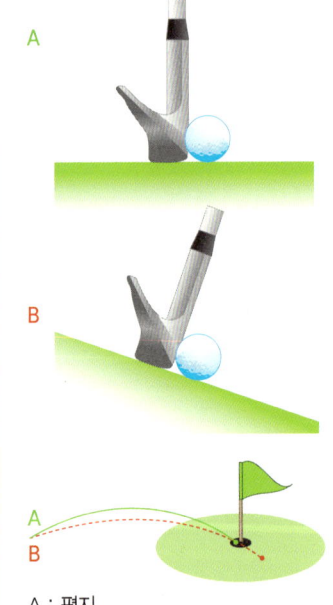

A : 평지
B : 왼발이 오른발보다 낮은 상황

공을 띄울 수 없기 때문에 어려운 샷 중에 하나이다. 따라서 우드나 롱 아이언은 가급적 사용하지 않는 것이 좋다.

양어깨를 경사면과 수평을 이루게 어드레스를 잡고 몸의 중심축이 지면과 수직이 되게 만든다. 이때 무게중심은 왼쪽에 두고 공의 위치는 오른쪽에 둔다. 그 이유는 스윙의 최저점이 오른쪽에 형성되기 때문이다.

하체를 단단하게 고정하고 체중 이동은 최대한 적게 하면서 상체 위주로 샷을 간결하게 한다. 동일한 클럽으로 샷을 하더라도 평지에서보다 공이 낮게 떠서 날아감으로 비거리가 늘어난다. 따라서 평지보다 한 두 클럽 짧게 잡는다.

스윙할 때, 경사를 따라 채가 내려오게 되면 손이 공보다 훨씬 먼저 오기 때문에 클럽 페이스가 오픈된다. 따라서 공은 오른쪽으로 휘어 날아가는 페이드성 구질이 나온다. 따라서 목표 방향보다 왼쪽으로 조준한다.

이 샷은 클럽이 경사면을 따라 낮게 움직여야 한다. 따라서 피니시도 낮게 된다. 정상적인 스윙을 하는 것처럼 체중이 뒤에 있게 되면 뒤땅이나 탑 성 볼이 나올 수 있다.

볼의 위치가 양 발보다 높은 Ball above feet

발과 공의 높이 차이만큼 평지보다 몸을 펴서 어드레스를 잡고 몸의 중심축이 지면과 수직이 되게 만든다. 이때 무게중심은 스윙 중에 몸이 뒤로 쏠리는 것을 방지하기 위해 발의 앞꿈치에 두어야 한다. 공의 위치는 평지보다 오른발 쪽에 둔다.

스탠스는 평소보다 넓게 서서 단단히 고정하고 그립은 단단하게 잡는다. 체중이동은 최대한 적게 하고 상체 위주로 샷을 간

A : 평지
B : 볼의 위치가 양발보다 높은 상황

결하게 해야 한다. 발과 공의 높이 차이를 보상하기 위해 클럽을 짧게 쥔다. 거리가 줄어드는 것을 만회하기 위해 한 두 클럽 긴 채를 선택한다. 지면의 경사에 따른 스윙 궤도와 임팩트 시 라이 각이 작아진 것에 의해 드로우Draw성 구질이 나온다. 따라서 방향은 목표지점보다 오른쪽을 조준한다.

볼의 위치가 양 발보다 낮은 Ball below feet

발과 공의 높이 차이만큼 보상을 해주어야 하므로 몸을 낮추어서

A : 수평
B : 볼의 위치가 양발보다 낮은 상황

어드레스를 잡고 몸의 중심축이 지면과 수직이 되게 만든다. 이 때 무게중심은 스윙 중에 몸이 앞으로 쏠리는 것을 방지하기 위해 발의 뒤꿈치에 둔다. 공은 중앙에서 오른쪽에 둔다. 하체는 움직이지 않도록 고정하고 그립을 단단하게 잡는다. 체중이동은 최대한 적게 하고 상체 위주로 샷을 간결하게 해야 한다.

지면의 경사에 따른 스윙 궤도와 임팩트 시 라이 각이 커짐으로 인해 페이드$_{Fade}$성 구질이 나온다. 따라서 방향은 목표지점보다 왼쪽을 조준한다. 또한 페이드성 구질을 완화하기 위해 로프트가 큰 클럽을 선택한다.

평지와 달리 트러블 상황에서 골퍼가 이해하고 있어야 할 셋업 자세, 비거리, 볼의 구질을 알게 되면 클럽 선택과 조준 방향 설정을 자연스럽게 할 수 있을 것이다. 하체 스텐스는 단단하게 고정해야 하고 체중이동은 최대한 적게 하면서 상체로 간결한 샷을 해야 한다. 〈표 1〉에 지금까지 설명한 트러블 상황과 대처법에 대해 요약해 놓았다.

트러블 샷은 정확한 임팩트가 쉽지 않은 상황이기 때문에 무엇보다도 셋업이 중요하며 스윙의 크기, 체중이동 등은 밸런스$_{Balance}$를 가장 편안하게 잡는 것에 초점을 맞추어야 한다. 또한, 익숙하지 않은 스윙 환경에 대한 신체 적응을 위해서 반드시 사전 스윙을 통해 임팩트 지점과 스윙의 최저구간을 확인하고 본 스윙을 해야 한다.

라운드 하다 보면 골퍼는 트러블 샷으로 소화해야 할 상황을 꼭 만나게 된다. 이때 볼을 잘 치겠다는 골퍼의 욕심이 트러블 샷을 더욱 어렵게 만든다. 트러블 샷에 대한 최선의 배려는 다음 샷을 좋은 장소에서 할 수 있도록 만들어 주는 것이다. 그러기 위해서 현재의 위치에서 탈출을 목적으로 하고 팔로만 스윙하는 것이 좋다.

	왼발이 오른발보다 높은 Uphill	왼발이 오른발보다 낮은 Down slope	공이 발보다 높은 Ball above feet	공이 발보다 낮은 Ball below feet
어드레스	경사면과 양어깨 수평	경사면과 양어깨 수평	평지보다 몸을 펴줌	평지보다 몸을 낮춤
무게중심	오른발	왼발	발 앞꿈치	발 뒤꿈치
클럽선택	한 두 클럽 긴 채	한 두 클럽 짧은 채	한 두 클럽 긴 채	한 두 클럽 짧은 채
구질	훅성	페이드성	드로우성	페이드성
조준방향	목표보다 오른쪽	목표보다 왼쪽	목표보다 오른쪽	목표보다 왼쪽
평지와 다른 점	공이 높고 비거리 짧아짐	공이 낮고 비거리가 길어짐	공과 몸의 거리 짧아짐	공과 몸의 거리 멀어짐

〈표 1〉 트러블 상황과 대처법

4장
볼의 비행과 나의 의지를 실현하는 클럽과 앵글

나의 스윙이 볼의 비행 방향을 결정한다 01

스윙 궤도에 따른 볼의 비행_
원하는 방향으로 볼을 보내는 in to in 스윙_

또 하나의 동반자 클럽과 앵글 02

원하는 곳에 볼을 보내는 선택, 클럽_
방향과 거리를 조절하는 각도, 앵글_
방향과 거리를 조절하는 힘, 샤프트 플렉스_

01 나의 스윙이
　　 볼의 비행 방향을 결정한다

임팩트 이후, 골프공은 9가지 방향으로 날아간다. 이러한 볼의 비행 방향은 기본적으로 스윙 궤도와 페이스 각도에 의해 영향을 받지만 당겨치느냐, 밀어치느냐에 따라 다양한 구질로 나타난다.

스윙 궤도에 따른 볼의 비행

스윙 궤도는 아웃투인, 인투인, 인투아웃이 있다. 이러한 스윙 궤도 중 인투인 스윙 궤도를 강조하는 이유는 임팩트에서 클럽 페이스가 타깃 라인과 스퀘어하게 만드는데 유리하기 때문이다.

우리가 필드에서 원하는 구질은 스트레이트Straight, 페이드Fade, 드로우Draw이다. 이러한 구질은 스윙 궤도가 인투인로 이루어질 때, 용이하게 만들어 낼 수 있다.

임팩트 순간 타깃 방향과 클럽 페이스가 스퀘어가 되면 스트레이트 구질로 볼이 나아가고 타깃 방향과 클럽페이스가 약간 오픈되면 페이드 구질로 볼이 나아간다. 반면 타깃 라인과 클럽 페이스가 약간 닫치게 되면 드로우 구질로 볼은 날라간다.

아웃투인의 스윙 궤도에서는 풀 슬라이스, 풀, 풀 훅이 만들어질 수 있으며 인투아웃 스윙 궤도에서는 푸시 슬라이스, 푸시, 푸시 훅이 나올 가능성이 높다.

따라서, 스윙 궤도와 임팩트 시 페이스 각도에 대한 이해가 필요하며 연습장에서 볼을 칠 때 날아가는 볼의 방향을 보고 스스로 스윙 궤도와 페이스 각도를 점검하는 습관을 갖는 것이 중요하다. 즉, 타구한 볼이 처음부터 우측으로 날아가다가 끝에서 오른쪽으로 휘는 푸시 슬라이스 구질이 나올 경우는 스윙 궤도가 인 아웃이며 임팩트 시 페이스가 열려 있는 경우다. 또한 이러한 볼의 비행 법칙을 이해하게 되면 슬라이스나 훅의 방지는 물론 드로나 페이드 구질을 구사하기가 용이하다.

타구와 스윙에 따라 볼이 날아가면서 나타나는 구질과 방향을 살펴보면 9가지이다.

스트레이트Straight 구질의 볼은 12시 방향으로 정면을 향해 똑바로 나아간다. 풀Pull 구질의 볼은 11시 방향으로 똑바로 나아간다. 푸시Push 구질의 볼은 1시 방향으로 똑바로 나아간다. 슬라이스Slice와 훅Hook 구질의 볼은 초반에는 스트레이트 구질로 날아가다가 낙하지점으로 다가가면서 슬라이스 볼은 1시 방향으로 휘어서 나간다. 반면에 훅 볼은 낙하지점으로 다가가면서 11시 방향으로 휘어져 나간다. 페이드Fade와 풀-훅Full-Hook 구질의 볼은 초반에는 풀 구질로 날아가다가 낙하지점으로 다가가면서 페이드 볼은 12시 방향으로 휘어져 들어온다. 그러나 풀 훅 볼은 낙하지점으로 다가가면서 10시 방향으로 더 휘어져 나간다. 드로우Draw와 푸시-슬라이스Push-Slice 구질의 볼은 초반에는 푸시 구질로 날아가다가 낙하지점으로 다가가면 드로우 볼은 12시 방향으로 휘어져 들어온다. 그러나 푸시 슬라이스 볼은 낙하지점으로 다가가면서 2시 방향으로 더 휘어져서 나간다.

페이스	구 질		
닫 힘	①풀 훅	④훅(드로우)	⑦푸시 훅
스퀘어	②풀	⑤스트레이트	⑧푸시
열 림	③풀 슬라이스	⑥슬라이스(페이드)	⑨푸시 슬라이스

〈표 1〉 페이스 상태에 따른 볼의 구질

원하는 방향으로 볼을 보내는 in to in 스윙

스윙의 궤도를 올바르게 만들지 못하면 시험을 보면서 문제의 답을 찍는 것과 같다. 슬라이스와 훅의 원인은 그립, 볼과의 거리, 그립을 쥐는 강도, 손목 릴리스와 허리 회전, 척추 각, 탑에서의 손목 위치, 라이각, 골퍼의 욕심 등이 다양하게 작용한다. 그러나 근본적인 방지법은 올바른 회전에 기초해서 스윙 궤도를 out to in 또는 in to out 에서 in to in으로 수정하면 된다.

올바른 스윙 궤도, in to in에서 손목과 채 끝의 위치를 가지고 스윙 궤도를 살펴보자.

백스윙 탑 시작에서는 채 끝이 볼을 향하고 있지만 다운스윙이 시작되면서 채 끝이 내려오는 궤도는 볼을 향해서 내려오는 것이 아니라 발끝과 볼 사이로 내려온다. 어드레스 때의 손목 위치로 되돌아오고 있음을 알 수 있다.

사진상으로 보면 임팩트 순간과 어드레스 때의 손목 위치는 동일 하지 않다. 즉, 임팩트 자세에서 손목은 어드레스 때보다 조금 앞으로 나온 자세가 된다. 그 이유는 회전에 따른 원심력 때문이다. 그러나 스윙 시 손목의 위치는 어드레스 때 손목이 있던 위치로 되돌아간다는 느낌으로 스윙해야 한다.

일반적으로 많은 아마추어 골퍼들이 스윙 궤도를 in to 까지는 가져오는데 치고 난 다음 동작에서 in의 궤도를 만들지 못한다.

in to in의 궤도를 만들기 위한 가장 좋은 방법은 미련 없이 채를 바닥에 던져야 한다. 채를 바닥에 던질 때는 목표 라인을 기준으로 해서 가슴이 오픈된 상태에서 왼쪽 벽을 단단하게 고정해 놓고 in to out의 느낌으로 해 주어야 한다. 스윙 궤도는 in to out의 느낌이지만 왼쪽 벽이 단단하게 잡혀 있으면 채가 in의 궤도로 들어오게 된다.

02 또 하나의 동반자
   클럽과 앵글

 라운드 하는 데 있어서 동반자라는 의미는 좀 더 넓게 해석해야 할 필요가 있다. 라운드를 같이 하는 동료, 캐디뿐만 아니라 홀마다 다른 구성의 조건, 그날의 햇볕과 바람, 그리고 골프를 즐기기 위한 골프 클럽도 라운드 동반자로서 우리가 교감해야 하고 배려해야 할 요소이다.

 클럽과 앵글에 대한 이해는 골프를 좀 더 재미있고 도전적으로 만들어 주는 데 도움을 준다. 특히, 골퍼 스스로가 새로운 정보를 효과적으로 이해하고 자신에게 맞는 클럽을 선택하기 위해서는 각 클럽이 지니고 있는 디자인의 목적과 특성 그리고 이러한 특성에 의해 발생하게 되는 클럽의 구조와 작용 원리mechanism를 이해하는 것이 좋다. 클럽 명칭, 로프트 앵글, 페이스 앵글, 라이 앵글, 샤프트의 강도에 대해 살펴보면 다음과 같다.

원하는 곳에 볼을 보내는 선택, 클럽

공식 경기에서 클럽은 총 14개를 사용할 수 있다. 클럽은 채별 거리, 선호도 등을 고려해 골퍼의 특성에 맞게 구성하면 된다. 근래에는 우드 대신에 하이브리드(유틸리티) 클럽을 사용하는 골퍼들이 늘고 있다.

우드 Wood

우드의 디자인 중, 헤드 모양은 크게 딥 페이스 Deep face 와 샬로우 페이스 Shallow face 형태로 디자인된다. 각각의 장단점을 고려해 본인에게 맞는 채를 선택하면 된다.

흔히 18홀을 라운딩하면서 올 파를 해서 72타를 쳤을 경우, 드라이버는 14회 사용해서 사용 빈도는 19.5%이며 우드 - 샌드는 22회 사용해서 사용 빈도는 30.5%이고, 퍼트는 36회 사용해서 사용 빈도는 50%이다.

이처럼 스코어는 짧고 섬세한 퍼팅이 만들지만 드라이버는 공의 비행 거리가 가장 길다는 장점이 있으며 각 홀에서 새롭게 시작해야 한다는 압박과 OB라는 벌타가 주어진다는 의미에서 가장 중요한 채이기도 하다. 그러나 드라이버의 거리는 무한대가 아니고 내 스윙으로 보낼 수 있는 거리에는 한계가 있다는 것을 인정할 필요가 있다. '장타의 유혹을 이기면 명인이 된다'는 바비 로크 Bobby Lock의 말을 되새겨 볼 필요가 있다.

분류	딥 페이스(Deep face)	샬로우 페이스(Shallow face)
무게중심	앞쪽 상단부	뒤쪽 하단부
탄도	저 중탄도	고탄도
스핀 양	적음	많음
장점	장타	공을 띄우기 쉽고 방향성이 좋음
단점	공을 띄우기 어렵고 방향성이 떨어짐	거리가 떨어짐
권장	스윙 스피드가 빠른 사람(상급자)	초중급자

멀리건의 유래

1930년대 미국의 골프장 규칙은 3명 이상이 라운드할 수 있도록 되어있었다. 어쩔 수 없이 2명의 골프광은 라커맨을 데리고 라운드하게 되었다. 라커맨은 티샷 시 매번 OB를 냈으며 골프광들은 벌타 없이 매번 다시 티샷을 할 기회를 라커맨에게 주었다. 이 라커맨의 이름이 멀리건Mr Mulligan이었다고 한다.

아이언 Iron

아이언은 머슬 백 Muscle back 과 케버티 백 Cavity back 두 가지 형태로 디자인된다.

머슬 백은 헤드 무게를 중앙으로 모은 것으로 스윗 스팟의 범위가 좁다. 반면에 케버티 백은 헤드 무게를 헤드 주변으로 분산시켜 상대적으로 스윗 스팟의 범위가 더 넓다. 따라서 연습량이 적은 아마추어 골퍼에게는 케버티 백이 다루기가 더 쉽다.

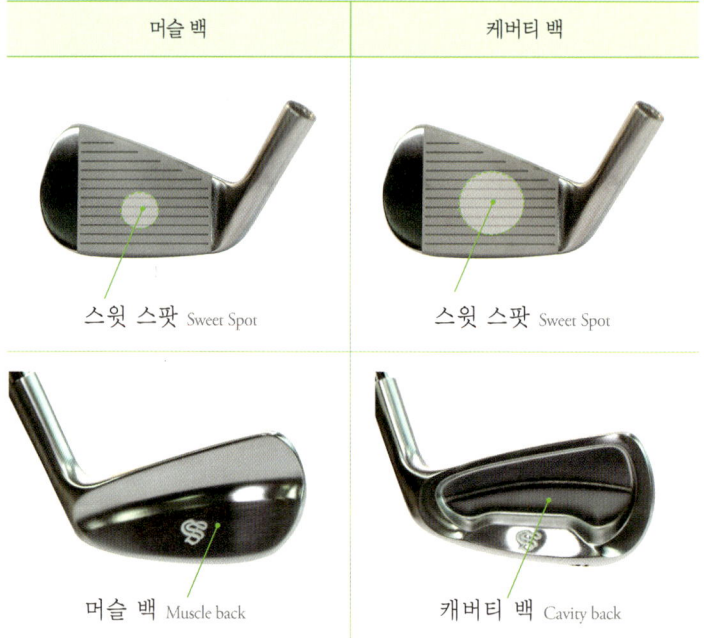

클럽의 구성

우드 Wood

1번	드라이버	Drive
2번	브라시	Brassie
3번	스푼	Spoon
4번	버피	Buffy
5번	클리크	Cleek

아이언 Iron

1번	드라이빙 아이언	Driving Iron
2번	미드 아이언	Mid Iron
3번	미드 매시	Mid Mashy
4번	매시 아이언	Mashy Iron
5번	매시	Mashy
6번	스페이드 매시	Spade Mashy
7번	매시 니블릭	Mashy Niblick
8번	피처	Pitcher
9번	니블릭	Niblick
P/W	피칭웨지	Pitching Wedge
S/W	샌드웨지	Sand Wedge

클럽헤드의 명칭

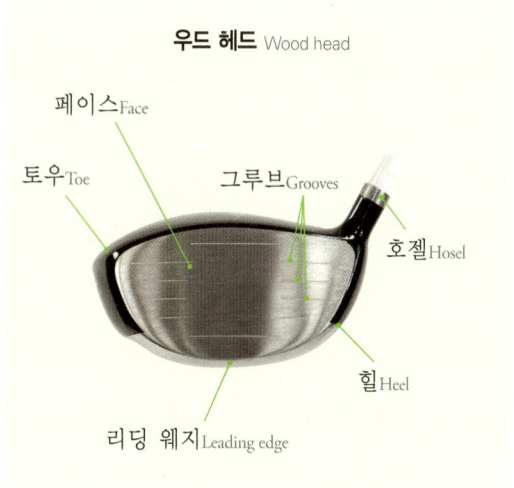

우드 헤드 Wood head
(페이스 Face, 토우 Toe, 그루브 Grooves, 호젤 Hosel, 힐 Heel, 리딩 웨지 Leading edge)

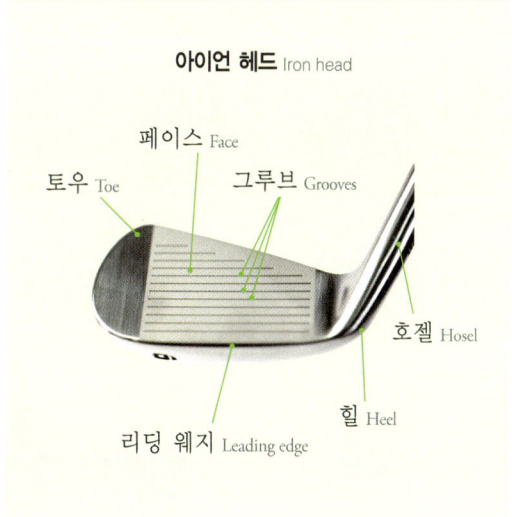

아이언 헤드 Iron head
(페이스 Face, 토우 Toe, 그루브 Grooves, 호젤 Hosel, 힐 Heel, 리딩 웨지 Leading edge)

방향과 거리를 조절하는 각도, 앵글 Angle

로프트 앵글 Loft angle

우드 클럽의 로프트 앵글은 클럽 헤드의 페이스(스윗 스팟 부분)와 새워진 수직선과의 사이 각을 말한다. 아이언 클럽의 로프트 앵글은 클럽 페이스와 클럽 헤드 부분의 샤프트를 끼우는 구멍 Hosel의 중앙선과 이루는 각을 말한다.

로프트 앵글은 볼의 탄도, 거리, 백스핀 등에 영향을 준다. 스윙 스피드를 측정한 후 자신에게 맞는 로프트 앵글을 선택하는 것이 좋다. 스윙 스피드는 최고 스피드가 아니라 볼을 정확하게 스윗 스팟에 컨택 할 수 있는 스피드의 평균이다.

우드의 클럽 페이스는 중앙이 볼록하게 곡선으로 디자인 되어 있는데 이것을 벌지(Bulge)라고 한다.

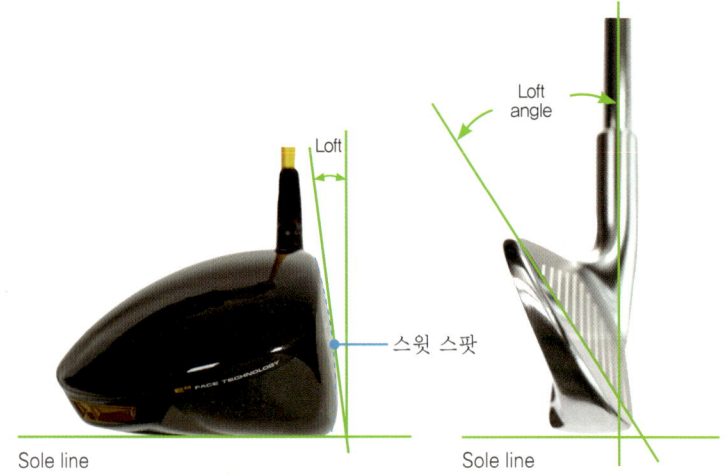

페이스 앵글 Face angle

페이스 앵글은 샤프트를 타깃 라인과 직각이 되도록 놓았을 때 클럽 페이스와 타깃 라인과의 사이에 생기는 각을 말한다. 페이스 앵글의 형태는 오픈Open 페이스 앵글, 스퀘어Square 페이스 앵글, 클로우즈Close 페이스 앵글이 있다.

페이스 앵글은 아이언에는 없고 우드 중에서도 주로 드라이버에 디자인된다. 볼의 방향에 매우 큰 영향을 주며 로프트 각과 연관되어 볼의 탄도에도 중요한 역할을 한다.

일반적으로 스윙 시 임팩트에서 페이스 앵글은 1~2° 정도 오픈된다. 따라서 약간 훅성으로 디자인된 클럽이 시중에 많다. 그러나 심한 훅성 볼을 경험한 골퍼에게는 스퀘어나 오픈 페이스 앵글이 심리적으로 더 안정감을 줄 수도 있다.

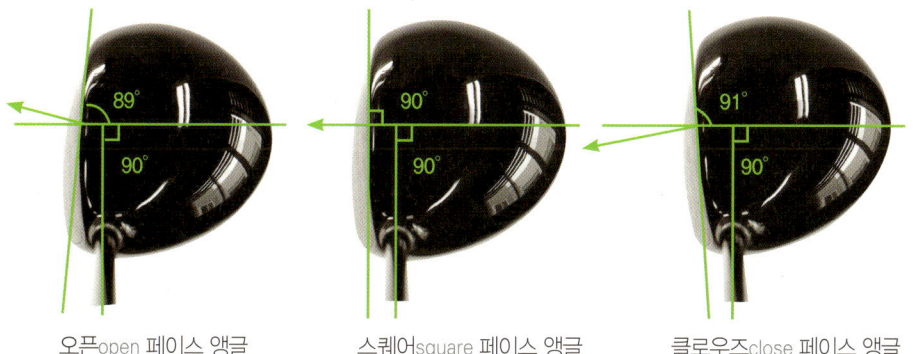

오픈open 페이스 앵글   스퀘어square 페이스 앵글   클로우즈close 페이스 앵글

라이 앵글 Lie angle

라이 앵글은 클럽 페이스의 그루브Groove가 지면과 평행이 되도록 하였을 때 지면과 아이언 클럽 헤드 부분의 샤프트를 끼우는 구멍Hosel 중앙선 사이에 생기는 각을 말한다.

라이 앵글은 숏 아이언에서 더 많은 영향을 주며 볼을 사이드 스핀으로 변할 수 있게 할 수 있으므로 볼의 방향성에 매우 큰 영향을 미친다. 즉, 라이 각이 업라이트 하면 슬라이스가, 플랫 하면 훅이 난다. 따라서 슬라이스나 훅이 나는 골퍼는 셋업 시 라이 각을 점검해 볼 필요가 있다.

하지만 라이 앵글을 기준으로 해서 어드레스를 잡으면 안된다. 라이 앵글에 맞추기 위해 허리(척주)가 너무 세워지거나, 내려가는 것은 잘못된 어드레스다. 올바른 셋업을 한 상태에서 라이 앵글이 너무 크거나 작으면 전문가의 클럽 피팅을 받는 것이 좋다.

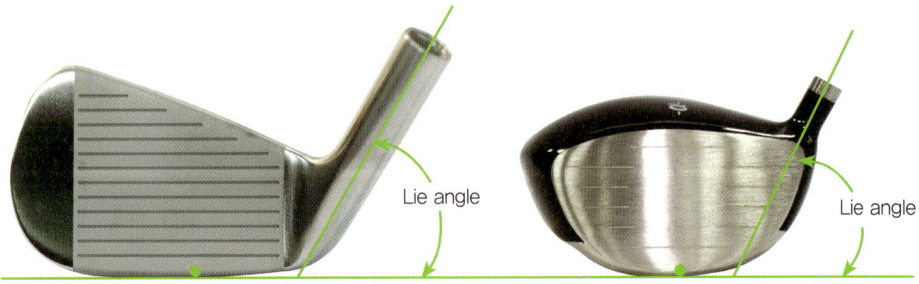

방향과 거리를 조절하는 힘, 샤프트 플렉스 Shaft flex

샤프트 플렉스란 스윙이 이루어지는 동안 샤프트가 휘어지는 정도를 말하며 다음과같이 구분된다.

표기	내용
X(엑스트라)	제일 단단함
S(스티프)	단단함
SR	S와 R의 중간 정도 단단함
R(레귤러)	보통 단단함
A(에버리지)	약간 연함
L(레이디스)	연함
W(위크)	매우 연함

샤프트 플렉스는 볼의 방향성과 거리에 영향을 준다. 하지만 제조회사마다 샤프트 강도는 표기가 약간씩 다르므로 피팅 샵에서 테스트 후 본인에게 맞는 것을 선택하는 것이 좋다.

백스윙 시 샤프트는 목표 방향으로 휘어지게 되며 다운 스윙 시는 백스윙과 반대 방향으로 휘어지게 된다. 따라서 임팩트시 클럽 헤드 역시 변형된 형태로 공과 접촉하게 되며 본래의 로프트보다 조금 더 큰 로프트 각을 만들게 된다.

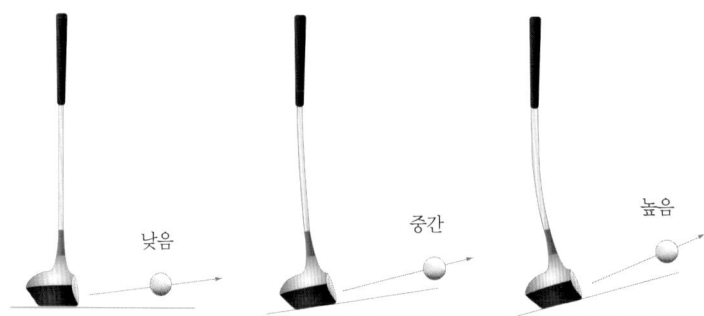

결국 샤프트 강도는 탄도의 변화(강도가 너무 강하면 볼의 탄도가 낮고, 반대로 너무 약하면 탄도가 높게 됨)를 가져오게 되며 자신의 스윙스피드에 맞는 샤프트를 사용할 때 적절한 탄도를 유지할 수 있으며 거리에 도움을 줄 수 있게 된다.

| 특별 기고 |

김종명 | 현) 골프존 GLA 코치, 국가대표(95~98년), 정규투어 1승, 국가 상비군 코치

기본을 지키는 것이 가장 빠른 길이다.

살다 보면 황당한 일에 좌절할 때가 있다. 그럴 때마다 마음을 붙드는 말이 있다. "기본으로 돌아가라."

기본[基本]이란, 어떤 일을 이루기 위해 가장 먼저 갖춰야 하거나 필요한 것을 말한다. 이런 기본을 소홀히 한 탓에 발생한 대표적인 사건이 있다. 1986년 1월, 우주왕복선 챌린저호가 발사 도중 폭발했다. 인류 최고의 기술이 집약된 우주선이, 고무로 만든 '오링' 하나 때문에 폭발했다. 불량 오링 틈으로 새어 나온 기름에 불이 붙은 것이다.

하버드대 경제학과 교수 마이클 크레이머는 이 사건을 바탕으로 '오링 이론 O-ring theory'을 발표했고, 2019년 노벨 경제학상을 받았다. 그는 이 이론으로 세계적인 학자의 반열에 올랐다.

나 역시 기본을 무시해 뼈아픈 실수를 한 적이 있다.
나는 내림 낚시를 즐긴다. 바닥 낚시와 달리, 내림 낚시는 추를 바닥에서 띄우는 방식이다. 예민한 입질에 즉시 반응하려면, 늘 낚싯대를 손에서 놓지 않아야 한다. 게다가 뒤 걸림 장치가 없어 잠시라도 자리를 비울 땐 반드시 바늘을 회수해야 한다. 이것이 내림 낚시의 '기본 중의 기본'이다. 그러나 나는 그 기본을 무시한 대가를 톡톡히 치렀다.

2019년 10월, 청주 한계저수지에서 일어난 일이다. 새벽 1시경, 커피를 끓이려고 자리를 비운 사이 고기가 낚싯대를 끌고 물속으로 사라졌다. '낚시하지 않을 때는 반드시 바늘을 회수해야 한다'는 기본을 지키지 않은 탓이었다. 그 결과 밤낚시는 엉망이 됐고, 120만 원짜리 21척 낚싯대까지 잃었다.

왜 이런 일이 벌어졌을까?
기본이 중요하다는 건 알고 있었지만, 현장에서 전문가에게 배우지 못했기 때문이다. 독학의 한계였다.

골프도 마찬가지다. 가장 중요한 건 기본이다. 골프를 배우고 싶다면, 실력과 인품이 검증된 전문가에게 배워야 하며 그에 상응하는 비용을 지불해야 한다. 그래야 기본이 내 것이 된다. 그렇지 않으면 엉뚱한 기본을 익히게 되고, 과정은 무시한 채 결과만 쫓는 실수를 범하게 된다. 그로 인해 배움 속에서 피어나는 깊은 기쁨을 놓치게 되며, 무엇보다 노력에 따른 운동수행 능력의 향상도 기대하기 어렵다.

기본이 바로 서야 배움이 깊어진다. 충실한 기본은 고수로 가는 지름길이다. 그래서 우리는 이 말을 잊지 말아야 한다.

"기본은 쉬워서 가장 먼저 배우는 것이 아니라, 가장 중요하기 때문에 가장 먼저 배우는 것이다."

지음

이규승 | 단순하다는 것은 복잡한 매력이다.

서울대학교 사범대학 운동생리학 전공(교육학 석사)
충남대학교 의과대학 생리학 전공(의학 박사)
헌) 대전광역시 동구보건소 전문경력관

김도연 | 좋은 스윙은 쉽고, 간단하고 편안해야 한다.

KPGA 정회원
호서대학교 경영대학원 석사
헌) M 스크린 연습장 소속 프로
핸드폰: 010-5170-2224

한광재 | 좋은 스윙에는 분명 숨겨진 콘셉과 철학이 있다.

크리머스 대표
E-mail: cremus1@naver.com

신명구 | 골프는 나의 내면과 마주하는 시간이다.

현) 월탑전자 대표
E-mail: shinwt001@hanmail.net

박진봉 | 골프는 마음을 다스리는 과정이다.

현) 서울대학교 수의과대학 교수
E-mail: jbpark@snu.ac.kr

사진

윤장근 | 가장 단순한 것이 가장 정교한 것이다.

한국산업안전보건공단 근무
현) 세종안전보건기술원 대표
E-mail: cfd90@naver.com